1行書くごとに、どんどん新しい自分に変わる

ミラクルが起きる！「手放し」ノート術

スピリチュアルカウンセラー
サユラ

すばる舎

はじめに

「あいつ、ムカつく～！」

「その上から目線、何様だと思ってるの？」

「ホント、あんたってサイテ～！」

「仕事ができないくせに、威張ってばかりで腹立つ～」

「その威圧的な態度、許せない！」


心の中でこんなふうに思っているのに、ネガティブな言葉を口にしたり、考えたりするのは、よくないことと思っていませんか？

ネガティブなことを考えたらエネルギーが下がったり、自分に悪いことが跳ね返ってくると思っていませんか？

実は、逆です！

ネガティブなことって、抑圧すると膨らんで大きくなりますが、外に出すと小さく

なるんです。


また、ネガティブなことには豊かになるヒントがかくれています。

だから、浮かんできた感情は、全部ちゃんと見てあげることがとっても大事。

ただし、そのまま相手に「サイテ〜！」「死ね！」と言ったらトラブルになるし、SNSにあげれば炎上しますよね。

じゃあ、どうするか？


それらの感情をすべてノートに書くのです。

ノートに書いて、感情を解放する、すなわち「手放しノート術」です。

このノート術をマスターすると、ハイヤーセルフ（本当の自分）と会話ができるようになり、神様に本当に望むことを届けられるようになりますよ。

だから、どんな願いもどんどんかなうようになるんです！


私がこのノート術で手に入れたものはというと、

・３度目の結婚
・占い師へのキャリアチェンジ
・セミナー室のある新居を購入
・ハワイの別荘を購入
・東京、大阪、金沢の多拠点生活
・２冊の書籍の出版
・１カ月20日間の稼働で月商１０００万円

など。日常の小さなことも入れたら、数えきれないほどの願いをかなえています。

借金の返済でお財布には小銭しかなく、日々食べるのがやっとのどん底生活をしていた約20年前には、考えられないこと。

「手放しノート」をつけるようになったら一転、どんどん生活が好転し、素敵な出会い、望む環境に恵まれ、豊かで楽しい日々を送れるようになったのです！

ノートを書くだけで、夢がかなう！
ノートを書くだけで、人生が幸せになる！
だからこそ、みんなにもぜひ伝えたい。

そんな思いで、この本を書き上げました。
手放しノート術をマスターして、あなたの人生を１００％幸せ色にしてくださいね。

contents

第1章 ノートにすべて吐き出したら、人生が劇変！

第2章

「手放す」から「入ってくる」！

第3章

神様に願いが通じる！ノートの書き方

第4章

ネガティブ感情を解放して、100%幸せな毎日を生きる！

第5章

最高の恋愛に導かれる「執着」の手放し方

「仕事は続けたいし、結婚も出産もしたい！」

会社勤めの彼が主夫になってくれた

第6章

お金持ちになりたいなら、「貧乏設定」を手放しなさい

ブックデザイン　小口翔平＋谷田優里＋永井里実（tobufune）
イラスト　Meppelstatt
編集協力　RIKA（チア・アップ）

第1章

ノートにすべて吐き出したら、人生が劇変！

仕事、恋愛、旅行…ほしいものはすべて手に入れることができます

まずは「本当の望み」を把握すること

「楽しく仕事をして、いっぱいお金を稼ぎたい！」

「いつも優しくて、自分だけを愛してくれる男性と結婚したい！」

「毎年、２回は海外旅行をして優雅に過ごしたい！」


そんな生活ができたら理想だけど、まさかかなうわけがないでしょ……と思っていませんか？　もし、あなたが本当に心から望んでいることなら、なんだってかないます。

ただし、本当に望んでいるかどうか。そこがキモ！

周りから評価してもらえるからとか、優越感に浸れるからとか、友だちに自慢したいからとか……そんな誰かと比較する気持ちから出た夢ならかないません。

でも、本当に心が喜んで、幸せでいっぱいになるような夢なら、１００％かないます。

とはいえ、たいていの場合、誰かと比較する気持ちから出た夢なのか、本当に心が望んでいる夢なのか、わからないのではないでしょうか。

そこで、自分は本当はどう思っているのか、本当の望みとは何かを知るために有効なツールが、この本でお話しする**「手放しノート」**。

ノートに書き出すことで魂とつながり、本当に自分が望んでいるものに気づけるようになるのです。

もしそれが、ハリウッドで活躍できる俳優になる、初の女性総理大臣になるといったような、今の生活からは想像もつかないようなもの（こと）でも、本当に望んでいることなら、かなうようになっているのです！

だから、まずは自分の本当の望みをちゃんと把握すること。その手段として、「手放しノート術」を活用していきましょう。

保険のトップ営業もやっていた「ノート術」

離婚、前夫の借金返済、3つの仕事のかけ持ち…

「手放しノート術」についてご説明する前に、私が「ノート」に興味を持つことになったきっかけをお話しします。

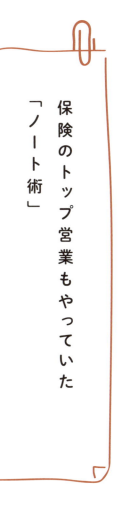

20年ほど前、私はひどい借金に悩まされていました。ふたり目の夫がサラ金で借金をし、離婚後も、その返済に追われていたのです。

サラ金は日割り計算で利息がつくので、1万円返しても、実質4000〜5000円くらいは利息分でとられてしまいます。お金が入ったらすぐに借金返済の

繰り返し。だから、お財布の中はいつも小銭しかありませんでした。

当時は、まだ保育園に通う娘を抱えながら、生命保険の外交員、夜はスナック、土日はテキ屋のアルバイトと、３つの仕事をかけ持ちし、３６５日働きづめの毎日。なのに、働いても働いてもどんどんお金は消えていく一方。

子どもとスーパーに行くと、「ママ～いくら食べたい！」「ママ～マグロ食べたい！」と言われるのですが、そんな高いものは買えません。廃棄処分寸前の「〇％オフ」シールが貼られた安いお惣菜を買うのがやっとで、いつもおなかをすかせていました。

そんな貧しい生活を抜け出すきっかけになったのが、生命保険の外交員の仕事をする中で、ある女性チーフと出会ったことでした。

まだ駆け出しだった私は、「保険に入ってください。ノルマをあげないと大変なんです！」と、お客様に懇願する営業をしていました。

しかし、その女性チーフはお客様全員と親しく会話をして、**お客様のほうから「保険に入りたいんだけど」とお願いされている**のです。彼女は当時、圧倒的に売上ナンバーワンでした。

私はお客様に懇願しているのに、売上がまったく上がらず、一方で女性チーフはお客様からお願いされている。いったいこのちがいはなんなのか？

チーフに相談してみたところ、教えてくれたのが「ノート術」でした。

お客様のことをノートにメモりまくる

たしかに、チーフは電話がなるとノートを取り出して何か一生懸命書いていました。いったい何を書いているのか？　ノートを見せてもらうと、お客様の誕生日、お孫さんが生まれる日、血液型、どんなお仕事をしているか、など、気になることがノートにびっしり書かれています。

そして、お客様のところへ行く前に、必ずそのノートを見て復習するのです。

女性チーフはお客様に対して、保険の話だけでなく、「お孫さんの予定日、もうすぐですね」と声をかけるので、お客様は大事にされている感覚になり、チーフを特別な人だと思っているようでした。

チーフは「恋人のことならなんでも知りたいでしょ。そして忘れないでしょ。それと同じように、お客様のことを思い、それをノートに書きなさい」と教えてくれました。

女性チーフに教えてもらって以来、**「ノートに書くって、すごいことなんだ〜」**と思うようになったのです。

それまでは、お客様から情報を聞いても、頭にとどめておくだけでしたが、私もチーフを真似して、ノートに書き出してみました。

すると、知っていることと、知らないことが整理できて、「今度会ったときに、誕生日を聞いておこう」など、お客様との会話も弾むように。どんどん営業成績も伸びていったのです。

書き始めて3カ月目に、売上1億円達成＆新人賞受賞

望みが次々に「具現化」していった！

その後、売上ナンバーワンの生命保険の外交員さんと会う機会があったのですが、その方もノートを書いていました。

その方の場合、日々の記録や営業目標だけでなく、かなえたい人生の願いもノートに書いていていました。

そこで、私もその方の真似をして、当時5冊で198円くらいで売っていた大学ノートの表紙に「夢ノート」と書いて、夢をたくさん書き込みました。

「お寿司が食べたい」
「ウニ、いくら、マグロが食べたい」
「お菓子を大人買いしたい」
「営業用にルイ・ヴィトンのバッグがほしい」
「ルイ・ヴィトンの財布がほしい」
「シャネルの時計がほしい」
「保険売上1億円」

まずはおなかを満たすこと。子どもが食べたいと言っていたものをたくさんノートに書き込みました。

次にほしかったのが、保険業界でデキる人たちが持っていたルイ・ヴィトンのバッグやシャネルの時計など。保険の外交員がみすぼらしい格好をしていたら、そんな人のすすめる保険をほしいと思えません。だから、仕事で成績を上げるためにも、ブランドものがほしかったのです。

そして、保険業界で当時、成績優秀者と言われる人たちの売上目安1億円。

こうしてノートにほしいものを書くことで、自分の目標が明確になると、なんと、書き始めて3カ月目に、本当に生命保険の月間営業売上1億円を達成！　新人賞をいただくことができました。

バツ2で子持ち、3つの仕事をかけ持ち、借金返済に追われる毎日だった私が変わったのは、まさに「ノート」のおかげ。**ノートに書いたことがどんどんかなっていったのは、私が本当に心から望んでいることだったから**でしょう。

当時は、なぜノートに書くと夢がかなうのかがよくわからず、手探りでいろいろ書き方を試していましたが、今では、望みを具現化するしくみを探求し、誰でも夢をかなえられるノートづくりに進化させ、生徒さんたちに教えています。

本書では、その方法をしっかりとお伝えしていきますね。

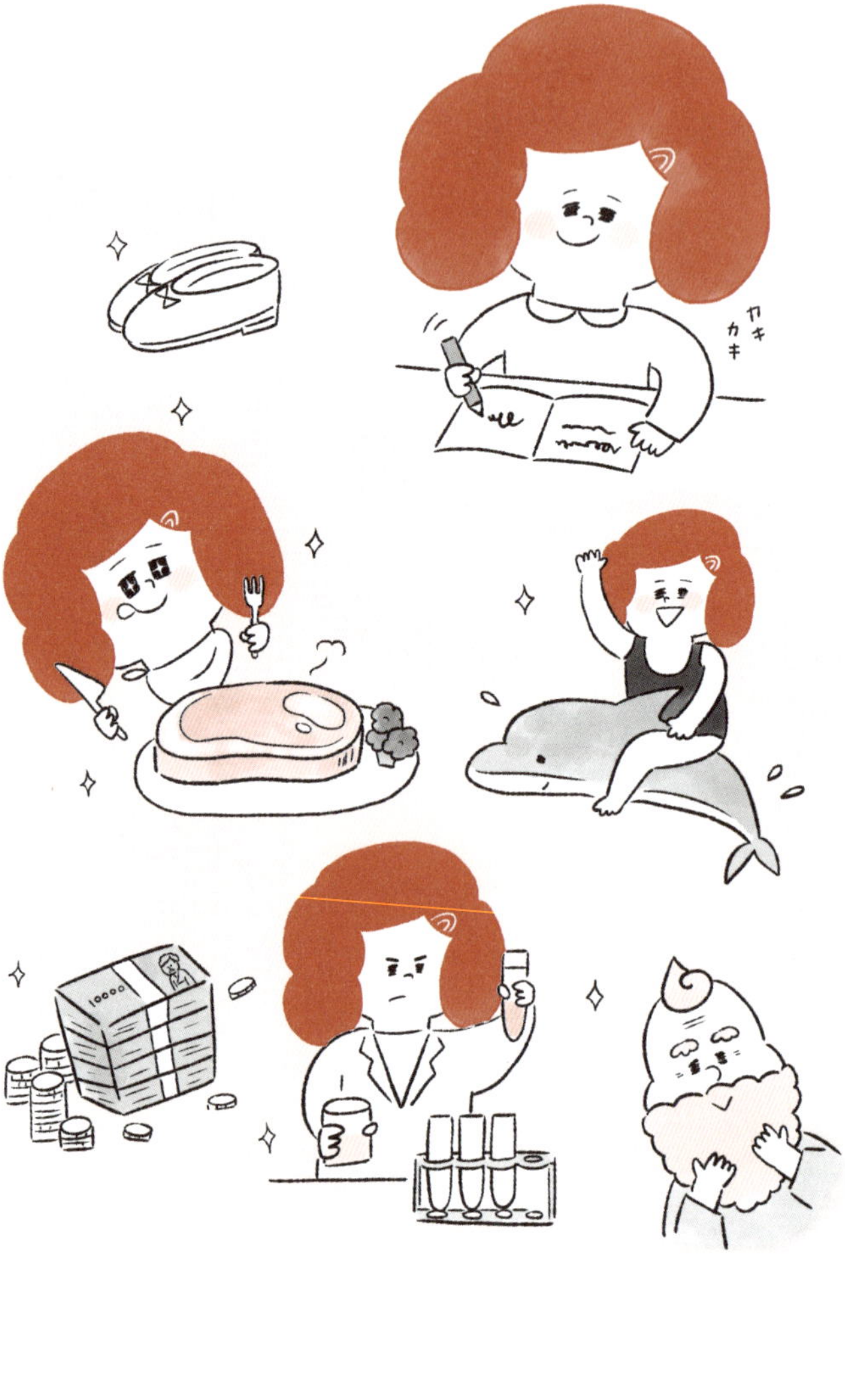
カキカキ

「手放しノート術」で「神様」が見えるようになる

夢をかなえる3つのステップ

「彼氏が半年以内にできますように」
「年収が1000万円になりますように！」

このように、ノートに夢を書いてすぐに現実が変わる人もいれば、まったく変わらない人もいますよね。

なぜ現実が変わらないかというと、実はあなたの願いが神様に届いていないからなんです！

いきなり「神様」というキーワードが出てきてびっくりされたかもしれませんが、神様とは「本当の自分の思い」をなんでもかなえてくれる存在のこと（願いがかなうしくみについては第2章でくわしくお話しします）。

あなたの願いが心からの願いであれば、どんな願いでも必ずかなうはず。それでは、なぜあなたの願いが神様に届かないのでしょうか。

それは、**「不要な感情」が邪魔しているから**です。

いくら現実を変えたいと思っても、感情を抑えたままだと、**「お金持ちになりたい（けど、どうせかなわない）」「運命の人に巡り逢いたい（けど、私を好きになってくれる人なんていない）」**というふうに、そもそもあきらめていたり、自分を否定していたりしていることが、とても多いのです。

そこで、まず最初に不要な感情を手放すことが重要になります。

ネガティブな感情をちゃんと見て、それらをノートに書いて吐き出すことで、はじめて本当の望みを知って、神様に届けることができるのです。

ここで提案する「手放しノート術」は、これらをふまえた方法。

①　**すべての感情を吐き出す**

②　**他人基準を捨てて、自分基準になる**

③　**神様への直通コールになる**

このプロセスを通って、はじめて願いがかなうのです。

もっと言うと、このノート術は、神様が見えるようになる方法です。

本当は神様はいつもあなたとともにいます。

けれど、それが見えていないのが人間。見えるようになるには、あなたがかけているサングラスを取る必要があります。

そのサングラスこそ、不要な感情。感情を解放することで、サングラスの色がどんどん薄くなります。不要な感情がすべて吐き出されたとき、はじめて視界がクリアになって、なんでも願いをかなえてくれる神様が見えるようになります。

そして、神様にゆだねることができるようになるのです。

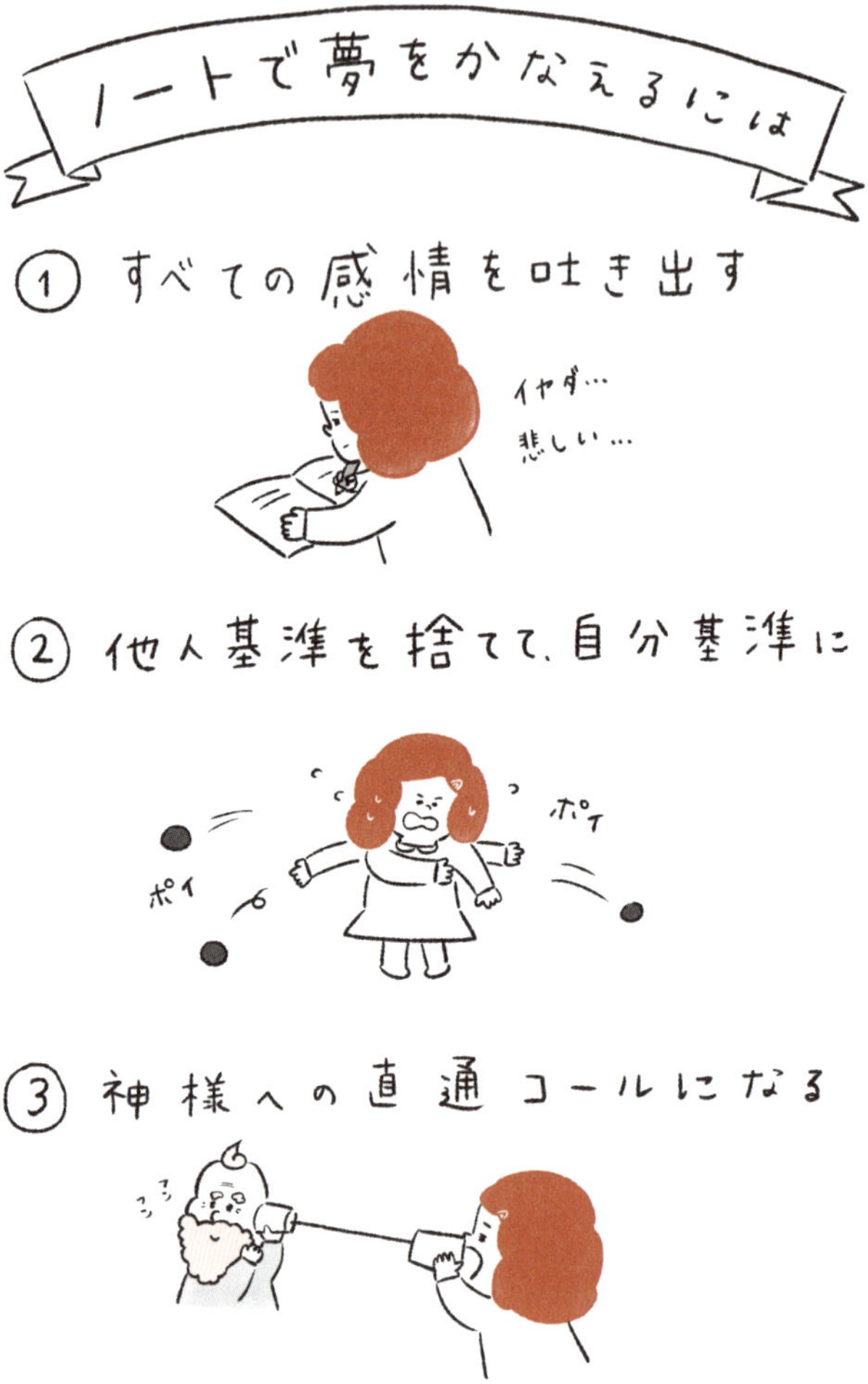
ノートで夢をかなえるには
① すべての感情を吐き出す
イヤダ…
悲しい…
② 他人基準を捨てて、自分基準に
ポイ
ポイ
③ 神様への直通コールになる

他人基準を捨てれば、「本当にやりたいこと」に目覚める

「いい人」になりすぎていませんか？

願いをかなえるためには、「他人基準」を手放す必要があります。

ここで言う「他人基準」とは、相手次第で行動や言うことを変えること。

私も今でこそなんでも言えるようになりましたが、もともとは「相手に嫌われないように」と「いい人」になっていました。

嫌われたくないからなんでも言うことを聞くし、ものわかりのいい女を演じて「イヤだ」とか「なんで？」とか「はぁ？」なんて言い返したこともなく、いつもガマンしていました。

前夫の借金が発覚したときも、「ふたりで一緒に返していこう」といい人のふりをしてしまいました。本当は「借金をなんとかできんなら離婚や！」と一喝すればよかったのに、彼に嫌われたくないばかりに借金を背負ってしまったんです。

それもこれも、**自分に自信がなく、「他人基準」だったから**です。

実際に借金を返済し始めたら、とんでもなくしんどい日々。寝る暇もないほど働きづくめでがんばったけど、その間に前夫はどんどんやさぐれる一方。

体も心も疲れ果て、もう死にたいと思ったときに、「いい人でいたい」という自分が限界に達し、こんな人生終わりにしようと思ったのです。

その後、離婚の話し合いをしましたが、うまくまとまらず、最終的には、弁護士さんにお願いして、「残りの借金は全部私が返すから、あの人と完全に他人にしてください。子どもにも一生会わせたくありません」とお願いして、離婚できたのです。

それからは、借金も「あの人のものじゃない、自分のものだ」と腹をくくって返しました。

そのときはじめて、「自分はどうしたいか？」という自分基準に従って生きること

ができ、とてもスッキリしたことを覚えています。

それ以降、迷ったときや、なんとなくモヤモヤしたとき、問題が立ちふさがったときは、「自分はどうしたい？」とノートに書いて、納得するまで書き続けるようにしています。

「貧乏は私の好みじゃない！」

他人基準から自分基準の生き方ができるようになると、出会う人も変わってきました。

保険業界で成果を出し、トップ営業マンなどと交流できるようになると、精神的にも経済的にも余裕があるマナーのいい人たちに囲まれるようになり、とても心地よく感じました。

借金返済で貧乏生活をしていたときは、安い食材を一生懸命探して買っていました。もちろんそういう暮らしが悪いわけではないのですが、経済的にも余裕のある人たちとともにすることで、お金があることは美しいと思うようになり、**「貧乏は私の**

好みではない。私もお金のある世界に生きよう」と腹が決まったのです。

こうして、自分基準になったことで、「お金は人を苦しめる」という感覚から「お金は人を幸せにする」という感覚に切り替わっていきました。

貧乏なときは、ブランドのバッグや靴を身につけている人に、ひがみと憧れの両方がありました。

でも、あるとき税理士さんから、

「カバンや靴やお財布はいいものを持ったほうがいいですよ。保険屋さんであるあなたを信じてお客様はお金を出すのですから。その信じている人が１００円の筆箱を持っていたら不安になりませんか？　今は買えないかもしれないけれど、少しずつ着るもの、持つものをいいものに変えていったほうがいいですよ」

と言われたことで、私は本当はいいものを持ちたかったんだ、ということに気づいたんです。

自分基準に変えてからの数年間は、もっとも人生が変わった時期でした。

みなさんも、今、恋愛にしろ、仕事にしろ、人間関係にしろ、うまくいかずに悩んでいるなら、自分の言いたいことを言って、自分の思いをちゃんとかなえてあげてください。

自分基準になるだけで、人生は劇変します！

ノートに願いを書かないなんて、絶対損してる！

「ハイヤーセルフ」からメッセージを受け取れる

私は、タロットカードを使いチャネリングでハイヤーセルフ（本当の自分）からのメッセージを伝える個人セッションや、それらを教える講座などで、約7年半、のべ1万人以上の人生を視てきました。

ハイヤーセルフとは、「魂」のことです。あとでくわしく説明しますが、私たちは「肉体の自分」と「魂の自分」がいて、本当の自分は魂の自分のほう。その魂がメッセージを教えてくれるのです。

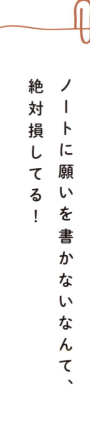

チャネリングなので、私の感性は使いません。「その人にとって最高最善のメッセージをください」という前提で相談者のハイヤーセルフのメッセージを降ろすだけなので、その人にどんぴしゃな答えが出るのです。たとえば、「○月○日に合コンに行くと、彼氏ができるよ」など。

あるときは、「今のままだと彼氏ができないよ」と厳しい答えが出ることも。なぜ彼氏ができないのかをハイヤーセルフに聞くと、こんなメッセージが降りてきたこともありました。

「だって、相手の顔色ばかり見てるでしょ。なぜそうなるかっていうと、小さい頃からお母さんの顔色ばかり見て育ったからだよね。お姉ちゃんだから、いい子にしないとお母さんが愛してくれないと思い込んでたんだね。だから、出会う男性にも、お母さんと同じように、顔色をうかがって機嫌をとるようなことをしちゃうんだね。それだと、恋愛はあっという間に壊れちゃうよ」

こんなふうに図星をつかれた相談者は泣き崩れます。だから、個人セッションにティッシュペーパーとゴミ箱は必需品です。

おかげさまで、「合コンに行ったら彼氏ができた」「彼にプロポーズしてもらえた」「幸せな恋愛ができるようになった」「やりたい仕事に就けた」「家族仲がよくなった」など、口コミで広がり、「金沢の恐ろしいほど当たる占い師」と呼んでいただけるようになりました。

こうして、１カ月に２００〜３００人の魂の声や問題と向き合ってきたのですが、ここ最近は、個人セッションは会員限定にし、それよりも**自分で自分と向き合える方法**を伝えたいと思うようになりました。

それが、**「手放しノート術」**です。まさに、私がハイヤーセルフからのメッセージを伝えている個人セッションと同じことが、自分でできるようになるのです。

書くだけで、願った通りに

私たちは自分のことを客観視することがなかなかできません。

たとえば、友だちの恋愛の悩みを聞いて「その男、いい加減だからやめなよ」と客

観的に見てアドバイスすることはできても、自分のことになると、「でも、好きだから……」「彼もいいところあるし」のように、急にわからなくなってしまいますよね。だからこそ、**ハイヤーセルフとおしゃべりするように、ノートに書く**のです。

口で不平不満を垂れ流している間は、永遠に負の感情をぐるぐる回るだけですが、書くと現実が残るので、**相手ではなく、自分の気持ちに集中できるようになり、自分はどうしたいのかが明確になります。**

私は、手放しノート術をみんなにおすすめしていますが、実践したことで結婚する人が続出したり、仕事で成功するなど、嬉しい結果を出しています。

みなさん、本当の自分の思いを知り、自分はどうしたいのかを決断できるように変わってきています。つまり、**ノートを書くと、神様につながる感覚がどんどん強くなっていく**のです。

手放しノート術を実践しないなんて、大損！

だって、ノートを書けば、自分の願った通りになるのだから。

そう言えるくらい、誰でもこんなに簡単に神様につながる方法はないと断言できます。このノート術はガチで夢をかなえるもの。本気で夢がかなう、すごい方法なのです。

とびきり好きなノートを1冊持とう

ノートは「自分の分身」

ここまで読んで、「手放しノート」を書きたくなってきましたか？
そう思ったら、善は急げ！　さっそく、ノートを用意しましょう。

スマホにメモする人も増えていますが、実際にペンで紙に書くことに意味がありま す。なぜ紙に書くことがいいのかというと、手を動かして書くことは、パソコンやスマホで書くよりも、何万倍も脳を動かす、と言われているからです。

手を動かして文字にすることで、自分の頭の中の思いが現実の世界に「見える化」

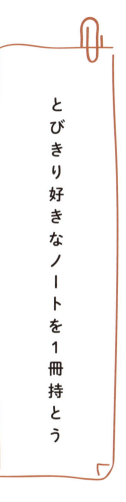

されて神様に示されるので、神様もサポートしやすくなるのです。

つまり、ノートとは、神様と会話し、神様のサポートが入るためのツール。

それくらい大切なものと意識づけするためにも、少し値が張っても高級なお気に入りの１冊をおすすめします。

私がよく愛用しているブランドは、モレスキン、モンブラン、ロイヒトトゥルム、ルイ・ヴィトンなど。

色も豊富で、かわいくてオシャレで、持っているだけでテンションが上がります！

余裕があれば、ノートに書くペンもオシャレな１本を探せるといいですね。

ノートは、外出先のカフェや仕事の休み時間など、いつどんなときでも書き込めるように持ち歩いてください。感情や望みは、いつわいてくるかわからないですからね。

とびきりの１冊を持つと、ノートが自分の分身のように思えて愛おしくなります。

大好きなノートを選んで書くからこそ、エネルギーが上がってワクワクする。

まさに、**大事な人生のパートナー**です。

それくらいノートは私の人生そのもの。だから、なんでも書き込みます。最近は1カ月に1冊でも足りないくらい。ノートに書いていると、インクがどんどん紙にしみこんでいくので、だんだんノートが分厚くなり、育っていきます。それがまた愛おしくて仕方ない（笑）！

月に一度、新月のときにノートを読み返したりもしますが、自分と向き合ういい時間にもなり、ノートは人生を豊かにしてくれる！とつくづく感じています。

１日書くだけで、１万円以上の価値がある

コンサートチケット当選、夫のいびきが止まった！

ここまで読んでも、

「やっぱり、私って三日坊主だから続きそうにないし」

「なんか、書くことなくなっちゃいそうで」

と言う人は、１日書いたら１万円もらえるつもりで書いてみてください。

１日書くだけで１万円もらえたら、絶対書きますよね！

それくらい、効果があるものです。

今の自分を変えたいと思い、高額セミナーに投資したり、セッションを受けたりして、自分を変えるきっかけをつかもうとする人は多いものですが、それでもなかなか変わらないのが現実。その結果、セミナージプシーになり、高額のお金を費やす人も多いと思います。

けれど、**手放しノート術ならば、ノート代だけで人生が劇変する**のです。

これって、1日1万円以上の価値があると思いませんか？

実際に簡単な願いならすぐかなうので、ぜひ試してみてください。

たとえば私の場合、夫であるミッキーのいびきがすごかったので、ノートに、

「ミッキーが静かに眠るようになりました。私もぐっすり眠れて快適です。神様ありがとうございます」

と書いたら、ピタッといびきが止まりました。これには、私も本人もびっくり！

他にも、

「ジャニーズの嵐のチケットが手に入りました。神様ありがとうございます」

とノートに書いたところ、いつも抽選で外れていたチケットが当たった！と大喜びで報告してくれた生徒さんもいます。

書き方は第3章でくわしく説明しますので、ぜひ実践してみてくださいね！

第2章

「手放す」から「入ってくる」!

「やりたいけどできない」と思ってしまう心のクセ

未体験のものには防衛本能が働く

「会社を辞めて起業したいけど、勇気が出ない」
「副業したいけど、行動にうつせない」
「不倫している彼と別れて幸せな結婚をしたいけど、別れられない」
「海外留学をしてみたいけど、英語も話せないし、治安も不安で、腰が上がらない」

こんなふうに、「○○してみたい」という気持ちはあっても、それを実現できないでいる人が大多数ではないでしょうか？

なぜ、やりたいこと、なりたい自分がわかっているのに、そこに足を踏み入れないのかというと、ズバリ「こわい」からです。


「収入がなくなったら、暮らしていけないし……」

「副業したら、時間に追われそうだし……」

「彼と別れたら、さみしくて耐えられないし……」

「海外でひとりでやっていける自信がないし……」


こうして、**自分に言い訳をして、手放さないでいる**のです。


でも、それは当たり前のこと。なぜなら、人は「体験したことのない未知のもの＝こわい」という防衛本能を働かせることで、身を守ろうとするからです。

実際、夫からひどいDVを受けていても、その状況から抜け出せない女性たちもいます。

地獄のような日々から抜け出したいけれど抜け出せないのは、「暴力を振るわれて

いる間だけガマンすればいい。彼には私が必要なのだから」などと思い込み、未知の環境に飛び込むより今のほうが安心、とさえ思っているからです。

人間は命を守るために、古い習慣に嫌気がさしながらもネガティブを手放さない生きもの。ネガティブになるのはフツーのことなので、無理にポジティブになる必要はありません。

だからこそ、**自分の中にある「こわさ」を丁寧に見ていく**。それができるのが「手放しノート術」なのです。

「新しい自分」をインストールし直す

それって「親の感覚」じゃない?

自分の中にある「こわさ」を見つけると、その大元はたいてい**小さい頃からの刷り込み**だったことに気づきます。

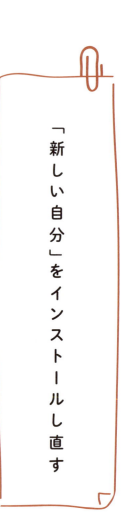

たとえば、「好きなことを仕事にして自由に生きたいけれど、固定給がなくなることがこわい」という場合、親から「会社員はお給料をもらえるから安心だ」「公務員になったら一生安泰だ」「自営業は不安定で人生どうなるかわからない」といった価値観を植えつけられている可能性があります。

つまり、「固定給=安心」というのは親の価値観ですよね。そういう場合は、

「自分はどうなんだろうか？」

と、ノートに書いて問いかけてみます。

すると、「私もやっぱり固定給のほうが好きだ」となるかもしれませんし、「いや、固定給に関係なく、自分の力で稼ぐほうが好きだ」となるかもしれません。

ここからは好みの問題なので、自分がワクワクするほうを選択すればいいだけ。

もし、「自分の力で稼ぎたい！」となれば、「親の感覚と私の感覚はちがう。さようなら」と、親と自分の感覚を切り離せばいいのです。

今まで自分の感覚だったと思っていたことが、「実は親の感覚だった」と気づけたら、かなり目の前がクリアになります。はじめて自分の感覚で物事を選べる瞬間を味わうからです。

「固定給＝安心」が自分の感覚ではなかったと気づいたら、「私はどんな働き方をしたい？」「なぜ、そう思うの？」というふうに、出た答えに対して、会話を続けてみてください。

最初は「なぜ、そう思うの?」と言われても、「なんとなく」という答えしかでないかもしれません。その場合も、「なんとなく」とノートにそのまま書き出します。

こうして自分を深く探っていくうちに、新しい自分を発見するでしょう。

それは、

「フリーランスになって、自由に仕事がしたい」

「会社を設立して、女性起業家になりたい」

「趣味を楽しみながら、旦那さんのお給料で楽しく暮らしたい」

かもしれませんし、もしかしたら、

「やっぱり会社員のままで、新しい仕事に挑戦したい」

かもしれません。


こうして、感情を感じて解放しながら、新しい自分をインストールし直すのです。

親の価値観から卒業して、「本当の自分」がやりたいことを刻むことができたとき、あなたの本当の人生が始まります。

軌道に乗っていた保険業を手放し、占いの世界へ

人の悩みを解決できる仕事がしたい！

私が占いの世界で仕事をしたいと思ったのは、保険の営業をしていたときに、お客様から悩み相談を受けることが多くなり、悩み相談を仕事にできたらおもしろいと感じたのがきっかけです。

その頃は、まだハイヤーセルフからのメッセージを受け取ることができなかったのですが、おそらくお客様には第六感を使ってアドバイスをしていたのでしょう。相談してよかった、というお客様の声をたくさんいただきました。

私には、もともと予知夢を見たり、幽霊を見たり、ものを触るとそこに残っている感情がわかったりなど霊感がありました。

そこで、何人かのサイキック占い師のところへ行き、「占い師さんのように、人の悩みを解決する仕事がしたい」と話してみました。

すると、「あなたなら、今すぐにでもできますよ。しかも、ただの占いでなく、サイキック能力を使うようなほうが向いています。サイキックタロットオラクルカードを使う占いを教えてくれる人が大阪にいるから、行ってみたら？」と言われました。

そして、その週末には大阪で講座を受け、それから2カ月後には、今までの仕事を全部辞めて、カードリーディングをするチャネラーに転身しました。

その頃、保険会社の代理店を経営していたのですが、「私、占い師になるので、今の仕事を辞めます」と支社長に伝えると、あきれられました。でも、占い師の道に進むと決め、１年間は夫に引き継ぎ業務をしてもらい、そのあと、完全に代理店を手放すことになったのです。

代理店を夫に任せた私は、さっそく銀行から１００万円を借り入れ、自宅の１階に

あった6畳の子ども部屋を改装してカウンセリングルームにリニューアル。残りのお金は、収入が入るまでの生活費にあてました。

「私、今からここで占いやるから！」と宣言して一番驚いたのは、家族です。

何しろ夫は主夫で大黒柱は私。それなのに、今までの収入源を全部断って、いきなり占い師になると言うのですから。

ただ、私にも覚悟がありました。**もし3カ月たって、月間売上が100万円にならなかったら、占い師はあきらめよう、と思った**のです。

はじめは練習のつもりで、30分3000円で、朝から晩まで休まずカウンセリングの日々。カードをひきすぎて腱鞘炎になったほどです。

それでも、死にもの狂いでがんばった結果、お客様がお友だちを連れてきてくれたり、口コミをしてくれたりして、ひっきりなしにお客様が訪れるようになりました。

こうして、3カ月目に売上100万円を達成した私は、占い師として本格的に仕事をすることになったのです。

「どうすればいいか」よりも「どうしたいか」

あなたの人生は、あなたにしか決められない

「保険業で成功している最中に、パッと辞めて占い師一本に専念した」という話をすると、周りの人に驚かれます。

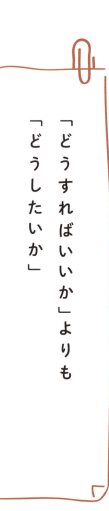

私の場合、**未知のことに対する不安よりも好奇心のほうが上回っている**ので、わりと悩まずに手放すことができるのだと思います。

とはいえ、手放す前は、本当にその選択でいいのか集中して考えます。

たとえば、新しい講座を開講したいと思った場合、自分が本当にやりたい内容か、

値段はいくらぐらいに設定するのがいいかなどをノートに書き出し、ハイヤーセルフと会話します。

あらゆる場面を想定して、それでも「自分はそうしたい！」と思ったら、あとは突き進むのみ。

反対に、「なんかちがう」と思ったら、なぜそう思うのかをよく見て、やめることもあります。

無責任と言われるかもしれないけれど、**私の人生は私しか責任をとれません。**

そう考えると、自分が本当にやりたいと思わないことを人に提供することのほうが、失礼にあたるのではないでしょうか。

私たちが迷うとき、たいていは「どうすればいいのか？」を考えすぎて、失敗を恐れるがゆえに動けなくなってしまうものです。

そういうとき、誰かの意見を聞きたくて、占いに頼ったりしがちです。実際「今の彼と結婚しても大丈夫でしょうか？」という相談もたくさんありますが、そのような

方にはこう質問します。

「じゃあ私が『その男はやめなさい』と言ったら、本当に別れられますか？」

すると全員が、首を横にふります。

あなたの人生は、あなたにしか決められないのです。

だからこそ、大切なのは「あなたはどうしたいのか？」ってこと。その選択が、正解かどうかはわかりません。でも、自分で決めたことなら覚悟もつきますよね。

迷ったときは、自分はどうしたいのか、自分に聞いてみる。そうすれば、今持っている古い習慣を手放して、新しい世界に突き進むことができるのです。

手放した人に
神様はプレゼントを与えてくれる

エネルギーのムダづかいに気づいたら、
すぐ手放す

「仕事を断れず残業したら、疲れがハンパない」
「今の関係を続けていても、充実感がない」

そんなふうに思ったことはありませんか？
それは、エネルギーをムダづかいしている証拠。エネルギーのムダづかいに気づいたら、手放すときです。

私たちはエネルギーが宿ることで生きていますが、そのエネルギーは神様が与えてくれているもの。エネルギーを有効活用できていると、エネルギーはどんどん循環し、新しい価値観を取り入れてイキイキと輝くことができます。

しかし、エネルギーのムダづかいをしていると、エネルギーは循環せずその場にとどまってしまうので、神様は新しいエネルギーを与えたくても与えることができません。

ところが、**ムダづかいに気づきその部分を手放すと、今まで重たいエネルギーで滞っていた領域がパッとあきます。**

すると、神様は、「あいた分、このエネルギーを使ってもっとたくさんの経験をしてね」と新しいエネルギーをプレゼントしてくれるのです。

エネルギーとは言い換えれば、この地球上で経験をするための原動力です。私たちは生まれる前、神様とたくさん経験をすると約束してきました。

だから、神様はどんどんエネルギーを送って、ドラマティックな経験を何度もさせてくれるのです。

ただし、神様の視点から見れば、苦しいことやつらいこともすでに人間界での素晴らしい経験という感覚。だからこそ、どんな経験をしたいのか、自分の好みをちゃんとオーダーすることは大切です。

苦労しなくても夢はかなう！

私の場合、前の夫に借金があるとわかった時点で離婚すればよかったのに、それを肩代わりして地獄のような生活を送りました。けれど、神様から見たら、「壮絶な経験ができて楽しそうだね〜」という感じ。私はめっちゃ魂を喜ばせていたわけです。

たしかに、なかなかできない経験かもしれませんが、体験したくはないですよね。

だから、**自分の中にある古い価値観や刷り込みに気づくことが大切**なのです。


たとえば、「苦労は買ってでもしろ」などの格言は多くの人に支持されていますが、本当に苦労したいですか？　つらい思いをして成功を手に入れたいですか？

本当は、ラクに楽しく幸せを手に入れたいと思いませんか？

こうした刷り込みに気づくために役立つのが「手放しノート」です。

あなたの中にあるムダづかいしているエネルギーを手放して、**「苦労しなくても、報われる人生が好き!」「苦労せずに、笑顔いっぱいで、たくさん収入を得たい」**など、あなたが心から望むことを見つけ、その価値観で自分をインストールし直してみましょう。

神様は必ず、あなたの望む経験ができるように、新しい現実を創造してくれるでしょう。

「肉体の自分、ハイヤーセルフ、神様」の三者関係

「喜怒哀楽」はすべて大成功!?

先ほどから「神様」という言葉を連発していますが、ここで、肉体の自分とハイヤーセルフ、神様の関係をお話しします。

なぜなら、この三者の関係を知っておくと、人間界で生きていくのがとてもラクになるからです。

つらい、苦しい、悲しい……と言っているのは肉体の自分。本当の自分は、ハイヤーセルフ（魂の自分）で、肉体は人間界で生きるために借りているだけです。肉体

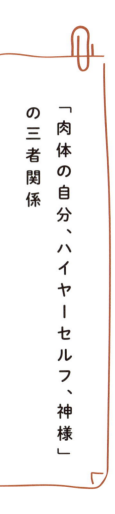

のことを、よく「魂の乗りもの」と表現したりします。

生まれる前、私たちは神様の世界にある「魂のツボ（壺）」からやってきました。ツボの中には、魂のグループがいて、ツボから人間界に生まれるとき、神様にどういう人生のテーマを生きるかを相談するのです。

テーマを決めたら、魂のツボの中で父親と母親を決め、きょうだいを決め、恋人を決め、夫になる人を決め、人間界で魂を磨いて人生を最高最善のものにするためのいろいろな経験をちりばめます。

肉体の自分は、いろいろな出来事が起こるたびに苦しんだり悩んだりするのですが、そもそもこの世はいろいろなことを経験する場所なので、ハイヤーセルフや神様からすると、人間界で喜んだり、怒ったり、悲しんだり、楽しんだり、不安になったりといろいろな感情を味わえたら大成功！

神様からすると、どんな経験でも、その人の好み、願い通りにかなえてくれるので、苦しい恋愛でも、借金で苦労する話でも、人間関係に悩む話でも、どんな内容でもかなえてくれます。

そういうときこそ、「本当は私、どうしたい？」とノートに書いて、ハイヤーセルフに聞くのです。

「神様、もっとらくちんなほうがいいです！」

ノートを使わないと、苦しい、ムカつくという感情を持った肉体の自分のままで止まってしまいますが、ノートに書いて、ハイヤーセルフに聞くクセをつけることで、「もしかして、私、楽しんでるかも？」と気づけます。

神様にとってみれば、肉体が苦しんでいるのも楽しんでいること。だから、楽しんでいるかぎり助けられません。そういうときは、

「神様、私、たしかに、苦しむ経験を楽しんでいました。でも、経験してみたら、苦しくない、らくちんなほうが絶対いいです。だから、私は自分を傷つける恋愛はもうやめて、楽しく希望を語り合えるような人と恋愛をします」

と、神様と約束をし直すのです。さらに、約束し直したい内容をノートに書くと、神様により強く宣言することになるので、**「ああ、そっちが好みなのね！」**と、あな

たの望む方向にサポートしてくれるようになりますよ。

ハイヤーセルフは神様と常に交信しているので、ノートに本当の思いを書いてハイヤーセルフにつながることで、肉体の自分も神様とつながっていることを思い出せるようになります。

ノートを使ってハイヤーセルフと会話し、自分の好みを神様に伝えてください。

そうすれば、神様はあなたを苦しみの部署から、喜びの部署へ、人事異動させてくれるはずです。

みんな天国で「テーマ」を決めてきている

手放しノートで「人生のテーマ」に気づける

魂のツボから人間界に生まれるときに、人生のテーマを決めてくる、と言いましたが、そのテーマに気づくことが、幸せになる近道です。

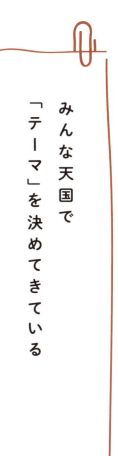

なぜなら、神様は喜怒哀楽すべてを祝福しているので、人生のテーマに気づくまでに、苦しみや悲しみをたくさん経験することになるからです。

私の場合、人生のテーマは「自分が経験したことを人に伝える」「生まれてきてよかった、とみんなで感じる」ことでした。前夫がつくった借金地獄。その中で「死に

たい」という感覚を知りました。「お金」というわかりやすいものを使って、私が自分の本音にちゃんと向き合わず、人に合わせていることで生じる問題に気づかせたのです。

自分の本当の願いをごまかし、人の期待に応える生き方をしていたから、大借金という問題が起きたのです。

こんなふうに、人生のテーマは、場所、人、環境を変えて、そのパターンが本当に自分で望んでいるものじゃないと気づき手放すまで、形を変えてやってきます。

だからこそ、**何度も同じパターンでやってくることは、人生のテーマだと気づくことが大事。**

たとえば、いつも浮気される、不倫されるという人や、いつも自分から男女関係を壊してしまうという人、どの職場に行っても威圧的な上司がいる人などは、そこに気づくべきテーマが隠されている可能性が高いのです。

そんな人生のテーマに気づくために役立つのが「手放しノート」。ノートに日々わ

き出る感情をどんどん書いていきましょう。

すると、「あれ、また同じパターンを繰り返してる！」と、人生のテーマに気づけるようになってきます。

願っても願っても願いがかなわない理由

潜在意識に刷り込まれた「固定観念」

私たちの意識には、顕在意識と潜在意識があります。

顕在意識とは、「暑いから冷たい水を飲む」とか「眠たいからふとんに入る」といったように自分でコントロールできる意識のことで、意識全体に占める割合は５％程度と言われています。

一方、潜在意識とは、気がつくと異性を遠ざけるような行動をしていたり、幸せなのに不安を見つけたりなど、自分ではコントロールできない意識のことで、意識全体に占める割合は95％にものぼります。

潜在意識には、あなたの感情パターンが設定されていますが、そのほとんどが、子どもの頃、親との関係において刷り込まれた、「〜しなければならない」「〜すべきである」などのような固定観念・常識などです。そして、この設定通りの人生を送るようになるのです。

でも、本当に幸せになりたい、願いをかなえたいと思うなら、この設定を変える必要があります。

では、どうすれば設定を変更できるのか？

それは、**ノートに何度も自分はどうしたいのかを書き出して、自分の本当の思いを探求する**のです。すると、**「本当に望む人生はこれだ！」**と腑に落ちる瞬間がありま す。

それは、潜在意識に本当に望む設定が変更された証拠。つまり、「そうなると決めた」ということ。決めたので、現実も決めた通りに変わっていくはずです。

ただ、何十年もかけて刷り込み続けたものを一気に変えることは難しいので、何度も決めることを繰り返します。

現実は「決めた」通りに変わっていく

たとえば、普通の人が「オリンピック100メートル走で優勝します」と願っても、絶対にかないませんよね。それは、「かなわない」と決めているからです。

では、「私は○○さんとお付き合いしたい」と本気で願ったのにかなわないという場合はどうでしょう。

よく自分の感情を見ていくと、「とはいえ……」と思う気持ちが1ミリくらいあるはずです。まだ自分の気持ちに向き合いきれていない、つまり、本当にお付き合いしたいと思っていない。だから、かなわないのです。

お金のことで言うと、「月収100万円にします」と本当に決めたら、本当に100万円稼げるようになります。

しかし、「とはいえ、100万円も稼ぐって、しんどいな~」と思ったとたん、「しんどくないと100万円は稼げない。しんどいのはイヤだな~」と思っているという

ことなので、１００万円稼ぐのは難しくなります。

願いがかなうかどうかは決めたかどうか。ただそれだけです。

「健康なまま○キロになりました！
神様ありがとう！」

人は潜在意識に入っているものが現実になります。ということは、「やせたい」と思ってもやせられないという人は、本当にやせたいと思っていないということです。潜在意識に「やせる」と入れれば、体はなんとしてもやせようとするので、必ずやせます。設定を決めるとはそういうこと。だから、やせない人はダイエットの設定が入っていない状態です。

ただし、ただ「やせる」とだけ願うのは危険。やせるということは、食べなくなるか、排出する量が増えるか、運動をしてエネルギーを消費するか、病気になるかのどれかだから。「ただやせる」と願うと病気になる可能性もあるのです。

なので、ノートに願いを書くときは、「健康なまま、○キロになりました。神様、

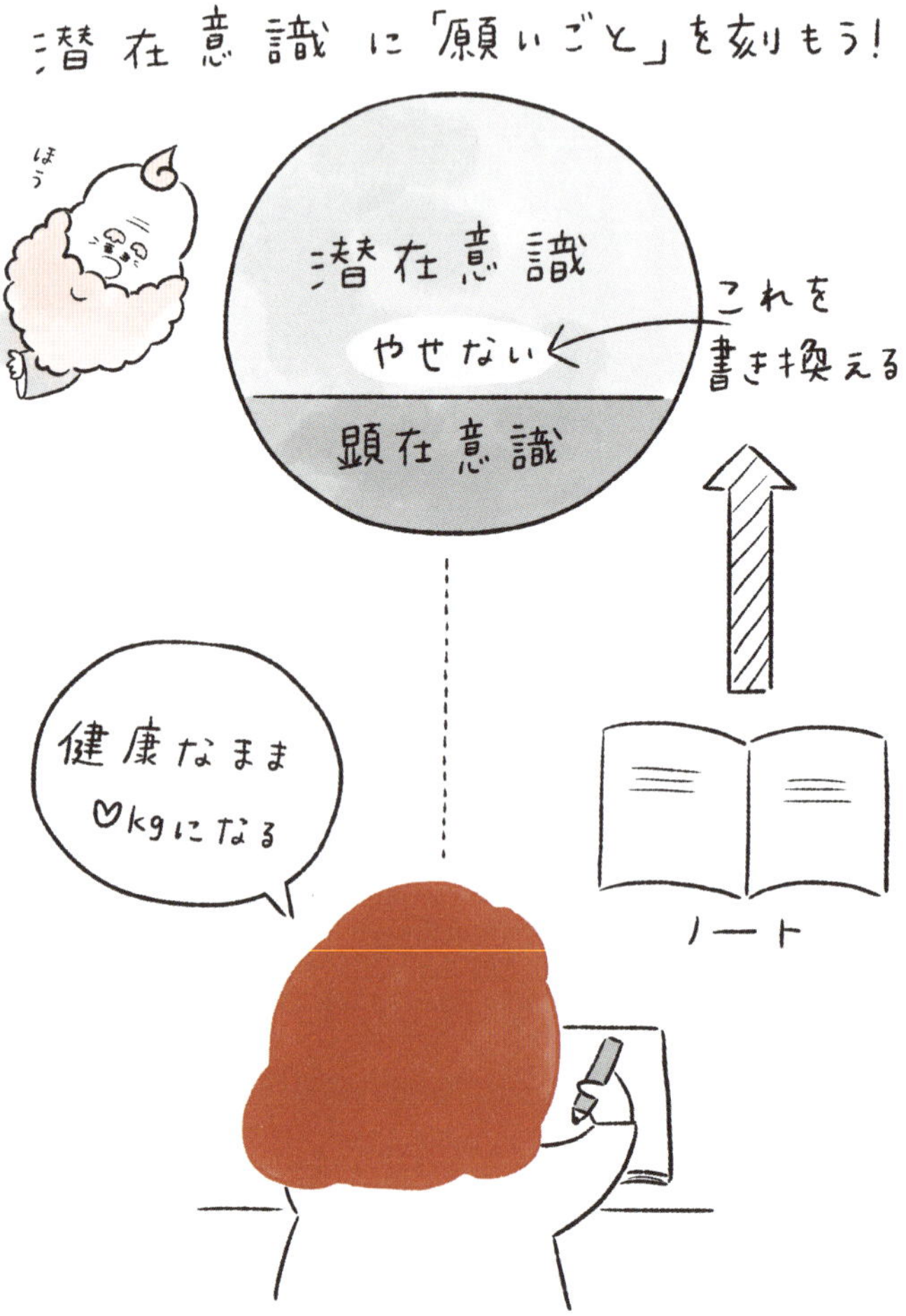
潜在意識に「願いごと」を刻もう!
ほう
潜在意識
やせない
これを
書き換える
顕在意識
健康なまま
♡kgになる
ノート

ありがとうございます」と目標体重を書くのがベスト。目標体重を書くことで、体はその体重目指してダイエットが始まるのです。

私は、昔から大食いで1日に4食も5食も食べていましたが、太ることはありませんでした。ところが、年を重ねるにつれて、1日3食でも太るように。代謝が落ちているから当たり前なのですが。

そこで、本気でダイエットをしようと決めました。しかし、私の場合食べることが好きなので、絶対に食べる量を減らしたくありません。ずっとおいしく食べて、ずっと健康に暮らしたいからです。

さらに言うと、引きこもり気味の私は、運動をしてやせるのも好みではありません。となると、健康的にやせるために体が選択するのは下痢。ちょっと汚い話ですが、本気でダイエットすると決めると、とたんに下痢が始まってしまい、断念します(笑)。

それくらい、体は素直。潜在意識に入った通りに、現実が展開されていくのです。

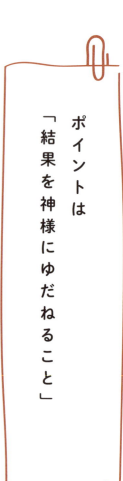

ポイントは「結果を神様にゆだねること」

神様に比べたら人間の力は微々たるもの

現実を変えるには「決めること」が重要ですが、「決めた」ときの感覚って、とっても静か。「月収１００万円を稼ぐ」が願いなら、ただ「１００万円を受け取ります」という淡々とした感じです。

１００万円とは言ったけど、今お給料が30万円なのにどうやったらあと70万円も稼げるんだろう、なんて考えないようにします。「本当に１００万円なんて稼げるのかな〜？」というモヤモヤした気持ちになったら、またノートに書きます。

そもそも、労働で１００万円を稼ごうということ自体が人間レベルの発想。地球を

回している神様なら、想像もしない方法で100万円くらい手に入れることは簡単なのです。

そう考えると、**願いをかなえられる人は、神様に完全にゆだねることができる人**です。

ゆだねるとは、どんな結果になってもそれは神様からの最高最善のプレゼントとして受け取れるということ。

たとえば、妻子ある男性と付き合って泥沼の関係に陥った場合、「奥さんと離婚して私と結婚してほしい」と願うよりも、その場合は、**「私にとって都合がいいようになりました。ありがとうございます」**と言って、神様にゆだねてしまったほうが、かなうことが多いのです。

ただし、その「私にとって都合がいい」というのは、決して願った通りになるとはかぎりません。奥さんと離婚してくれるかもしれないし、新しい出会いがあるかもしれない……。すべて神様にお任せするのです。

なぜなら、そのほうが結果的に幸せになれるから。

神様に比べたら、人間の力なんて、米粒以下の微々たるもの。

神様に全部お任せして、どんな結果がきてもどんと構えていられるくらいのほうが、神様からのサポートも受けやすいのです。

「ありがとう」は神様に対する深い感謝

願望実現を加速させる！

私はいつも、願いがすでにかなったイメージで、「〇〇が手に入りました。神様、ありがとうございます」「〇〇ができました。神様、ありがとうございます」というふうにノートに書いています。

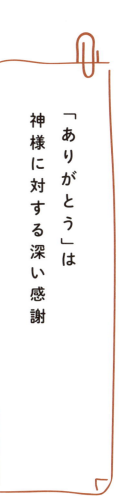

ではなぜ、「ありがとう」と感謝するのか。それは、神様目線で考えるとわかります。

神様はあなたが本当に望むことを惜しげなくサポートしてくれますが、願いをどれ

だけかなえても、感謝の言葉ひとつなく、もっともっとほしいと願われたら、「まだよこせ、ということなのか？」と感じてしまいますよね。

もし、あなたが神様で願いをかなえてあげた直後に「もっと、ほしい」と言われたらどう思うでしょうか？

ですから、まずは感謝するのです。感謝しないと、神様はあなたのことを「どこまでいっても満足しない、不足している状態が好きな人」と判断して、不足感や不安感を感じさせるようになるのです。

神様にはどんどんお願いして大丈夫。でも、求めるときは、「〇〇がかないました。神様、ありがとうございます」という感謝の姿勢を持ってください。

神様は決して私たちにバチを与えません。神様は必ず、最高最善に導いています。根源的な望みに答えてくれるだけです。

一方、「神様、ありがとうございます」と言ってもかなわない場合は、「『ありがとう』と言えばかなうんだ。じゃあ、『ありがとう』って言えばいいんだな」と思っている場合です。私はこれを「ありがとう教」と言っていますが、「ありがとう教」の人

は、根本に感謝がありません。

神様に、「ありがとう」を届けるのは、この肉体を使ってたくさんの経験をさせてくれてありがとう、という感謝が常にあるからです。

私たちは魂のツボから、この地球上に降りてきて、望み通りにたくさんの経験をしています。まさに、「生まれてきてよかった」という喜びでいっぱいなのです。

肉体の私はそのことを理解できないので、恐れや不安で苦しむのですが、ハイヤーセルフや神様は、いろいろな経験をして地球を謳歌している私に祝福を送っているのです。ですから、「ありがとう」はそんな神様の深い愛に対する言葉。その前提で届けるからこそ、願いがかなうのです。

こうして、神様に感謝の言葉を添える書き方をしていくと、収入が大幅にアップしたり、理想的な暮らしが手に入ったり、望んでいた恋人が見つかったりするなど、気がつけばさまざまなことが具現化していきます。

おそらく、願いがかなうスピードの速さに驚くことでしょう。

第3章

神様に願いが通じる！ノートの書き方

ノートは神様にダイレクトにつながる最強ツール

口で言うだけよりも断然効果アリ！

「手放しノート」がどれほど効果があるものか、わかってきたでしょうか？
ここからは、ノートの書き方について、具体的にお伝えしていきますね。

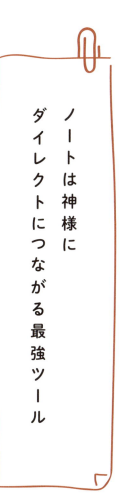

まず、ノートは神様への直通コールだということ。すでに何度も繰り返し伝えていることですが、口で言うのと書くことはちがいます。

口で言っているだけだと、頭に留めておくだけなので、少し経てば忘れてしまうことも多いですよね。しかも、そのときどきの感情で思いが変わってしまうこともある

ので、「本当にこの選択でいいのかな?」と迷いが出てしまいます。
そのため、「本当の望み」がわからなくなりがちです。

でも、書くとそのときの思いが文字として残ります。**ハイヤーセルフとの会話は、本当の自分の思いを引き出す記録ともなるので、あとで読み返しても、「あのとき、こう思ってたんだな」など、客観的に見ることができて、感情に流されなくなります。**
すると、「本当の望み」にたどり着きやすく、「よし、この選択でいこう」と決断することができるようになるでしょう。

「決断する」ということは、潜在意識の設定を変えること。そして、潜在意識を通じて、決めたことは神様にダイレクトに伝わります。

つまり、ノートを書くことで、神様への直通コールが開通するのです。

「夢がかなった前提」で書くのがキホン

イメージできるような写真を貼る

お待たせしました！

ここからは、どんなふうにノートをつくっていけばいいのか、例をあげながらお伝えしていきます。

①　願いごとを書く

まずは願いごとを書いてみます。思っていることはすべて書いてみましょう。

〈例〉

- **○○先輩と付き合いたい**
- **ひとり暮らしをしたい**
- **仕事で成功したい**
- **WEBデザイナーとして起業したい**
- **運命の人と出会いたい**
- **お金持ちになりたい**
- **玉の輿に乗りたい**

② モヤモヤしたら、ハイヤーセルフと会話する

願いを書き出したときにモヤモヤする気持ちがわいてきたら、本当の自分であるハイヤーセルフに聞いてみましょう。ポイントは、「なぜ、そう思うのか?」「本当はどうしたいのか?」のように、感情をどんどん掘り下げていくことです。

(例)

「○○先輩と付き合いたい」けど、無理〜。

↓
なんでそう思うの？
↓
だって、○○先輩は仕事もできるし、女の子にモテるし。
↓
女の子にモテるとなんで付き合えないと思うの？
↓
私のような平凡な女性など相手にしてくれそうにないし。
↓
なんで自分のことを平凡って思うの？
↓
自分から積極的にこうしたいっていう意志がなくて、いつも相手に合わせるだけって言うか……。
↓
なんで合わせちゃうのかな？

←　う〜ん、そのほうがラク？

←　本当にラク？

←　だって、自分から行動して受け入れられなかったらイヤだし。

←　なんで、受け入れてもらえなかったらイヤなの？

←　嫌われたくないから。嫌われると思うと自分の意見が言えなくなる。

←　受け入れてもらえないからといって、嫌われたわけじゃないよ。ただ、それは受け入れられないってだけじゃない？　受け入れられなくてもいいから、自分の意見を言ってみたら？　そのほうがスッキリするんじゃないかな？

そしたら、自分のイメージが変わって、〇〇先輩とお近づきになれるかもしれないよ。

←

そうだね。やってみる。

こんなふうに、細かい気持ちを丁寧に見ていきながら自分のカウンセラーのように、ハイヤーセルフと会話をしてみましょう。

浮かんだことをノートにどんどん書いて、モヤモヤする気持ちの原因を探り当てることで、願いごとはかないやすくなります（願いごとと関係なく、ネガティブ感情を書いて感情を解放させる方法は、第4章をご覧ください）。

ちなみに、ハイヤーセルフとつながらずに、ただの妄想が出てきているだけの場合は、会話がスムーズにできなかったり、会話を疑うような違和感が出てきます。

その場合は、出てきた答えに対して、「本当にそう思うの？」と何度もしつこく聞いてください。

自分の気持ちに正直になると、心がじんわりあったかくなって魂が喜んでいるのがわかります。そんな感覚が訪れたら、ハイヤーセルフとつながっている証拠です。

③「感じる」「考える」で、体験と同じ効果を狙う

願いをかなえるには、前にも話した通り、潜在意識の設定を変えることが大事。そのためには、体験することで脳を納得させ、潜在意識に刷り込むのが一番です。

でも、実際は設定を変えるような体験をすることは難しいもの。

そこで、かなった状況をイメージし、その状況を感じてみるのです。リアルに感じることは難しくても、かなったらこうかな、ああかな、ワクワクするなと感じてみることで、潜在意識の設定を変えることができます。

願いごとがかなったことをイメージできるような写真を貼るのはもちろん、思い出のお店のコースターや、嬉しかった手紙、手に入れたものの写真、旅行の写真、もらったものなど、気持ちが上がるようなものをどんどん貼りましょう。自分は満たされている、愛されているという気持ちになり、幸せと感謝が自然にわいてきます。

（例）「ハワイに別荘がほしい」場合
・別荘特集の雑誌などを買ってきて、理想の別荘の写真を切り抜いてノートに貼る
・別荘の内装もイメージ
（リビングは何畳くらいで、どんなインテリアや家具を置くかなど）
・ハワイに別荘を買ったらどんな生活になるのか、想像してみる
・実際にネットでハワイの別荘を検索して、購入するイメージを持ってみる
・ハワイのどの島に住みたいかリサーチしてみる

私は今、ハワイに別荘を持っています

が、「年に1カ月間、ハワイに滞在するために別荘がほしい」と思い、イメージしていったら、本当に手に入れることができました！

④ かなった前提で書き、神様にありがとうを伝える

82ページでもお話しした通り、願いごとは、「○○の願いがかないました。神様、ありがとうございます」というふうに、すでにかなった前提で書きましょう。

「神様、ありがとうございます」は潜在意識を通して神様に届ける感謝の言葉だからです。その感謝は、神様にしっかり届きます。

⑤ 魂が震える感覚の願いを書く

願いごとを書くときは、未来を想像して「これなら実現できそう！」と魂が震える感覚の内容を書きましょう。

たとえば、今月の売上が100万円の人が、「売上1億円になりました。神様、ありがとうございます」と書いても、現実とのギャップがありすぎて、ピンとこないでしょう。その場合はかないません。

「あ、これならいけるかも？」という感覚は自分にしかわかりません。ですから、「売上目標はいくらならいい？　１５０万円？　２００万円？　３００万円？」というふうにノートに書いて、ハイヤーセルフに聞いてください。

そして、**これならかないそうという魂が奮い立つギリギリのラインで願いを設定するのがコツです。**

⑥　かなったことに感謝してから、さらに大きな願いを書く

神様にお願いしてかなったあと、さらに大きな願いをお願いしたいときは、神様に「○○をかなえてくれてありがとうございました」と、すでにかなったことへの感謝をノートに書いてから、次のお願いごとをするのが礼儀です。

さて、願いをかなえる書き方のコツ、なんとなくわかったでしょうか？

「うわー、こんなに書かなくちゃいけないんだ。手順もあるし、手放しノートって大変……」と思った方。安心してください。

これはあくまでこうしたほうが願いがかないやすいよ～というだけの話。

まずは１日１行。なんとなく思ったことでいいので、書いてみてください。

仕事や人間関係の愚痴、なんでもＯＫ。すると、どんどん書きたいことが出てくるはずです。

そのうちに、ほしいものを書いたり、こうなったらいいな〜ということも書けるようになるでしょう。１行でいいからとにかく書いてみてください。それだけでもかなう人はかないます。

これまで願いごとがなかなかかなわなかった人ほど、この手放しノート術はよく効きます。ぜひ試してみてくださいね！

最速で願いごとをかなえるために知っておきたいこと

あえて期限は入れない

願いごとをノートに書いてかなえる方法は、さまざまな人がいろいろな方法で提案していますが、私がチャネリングなどを通して研究を重ねた結果、もっとも効果的で、最速で願いがかなうために知っておいていただきたいことをお話しします。今まで知っていた方法とは異なるかもしれませんが、ぜひ試してみてください。

・どうやったらかなうかは考えない

ビジネスでは、目標を達成するために細かいアクションプランを立てますが、神様

にお願いするときは、どうやったらかなうのか方法を考える必要はありません。**「神様の力は無限」**だからです。人間には想定外の方法で、願いをかなえてくれるので、神様を信じて楽しみに待っていてください。

・期限は入れない

「いついつまでに願いごとをかなえてください」と日付を入れたほうがいいという説もありますが、期限を入れるのはおすすめしません。

そもそも時間軸があるのはこの地球くらい。**神様の世界には時間軸がない**ので、「いつまでにかなえてほしい」という願い方は、人間の感覚でしかないのです。

たとえば「１カ月以内に、○○さんと両想いになれたらいいな」と思っていても、神様は３日でかなえてくれるかもしれません。それなのに、「１カ月もかけていいんだ。じゃあ、後回しね」と、期限を入れたばかりにかなう速度が遅くなる可能性だってあるのです。

願いごとに期限は入れない。そのほうが、最速でかないます。

・望みを限定しすぎない

たとえば片思いの人がいて、「○○さんと結婚したい」という望みがあったとしても、「幸せな結婚ができる」というふうに望みを変えたほうが、可能性が高まります。○○さんよりも、もっといい人が出てくる可能性があるからです。

だって考えてみてください。今は○○さんに固執しているかもしれませんが、○○さんを超えるもっといい人に出会えるとしたら、絶対にそっちにいきませんか？

実際、カウンセリングで好きな人と一緒になりたいという相談はとても多いのですが、「半年後にすごくいい人が出てくるよ」と言うと、全員が今好きな人のことを忘れて、半年後に期待を寄せます。

ということは、○○さんと結婚したいわけでなく、「幸せな結婚をしたい」というのが、本当の望みということですよね。

望みは狭くせず広く。そのほうが、たくさんの幸せを受け取ることができます。

・小さな願いも全部書く

願いごとというと、「転職したい」「結婚したい」「子どもがほしい」のように、大

きな出来事を思い浮かべるかもしれませんが、**小さなことでも「願ったらかなった」という体験を積み重ねることが大事。**

小さな成功体験を繰り返すことで、**「あ！　これもかなった！　ノートに書くと願いって本当にかなうんだ」と信じられるようになる**からです。

ですから、毎日の「ああなりたい、こうしたい」という小さな思いも全部書きましょう。

たとえば、「朝食で美味しいコーヒーが飲めました。神様、ありがとうございます」「遅刻せずに会社に行けました。神様、ありがとうございます」「大学時代の友人と連絡がとれました。神様、ありがとうございます」のように。

こうして、ノートにコツコツ書く習慣をつけると、2～3日で自分の心持ちが変わるのを感じるでしょう。「どうせかなわない」から「願いはかなう」へ、自分を信じられるようになるのです。

・ノートはいつ書いてもＯＫ

ノートを書くタイミングはとくに決める必要はありません。朝でも夜でも、お昼休

みでも、お茶をしながらでも、好きなときに書きましょう。

ノートを書くこと自体が難しい場合は、付箋に書いてみます。上司に怒られてカッとなったとき、なんとなく不安になったときは、ササッと付箋に書いてポケットに。帰宅したらノートに貼ります。

ノートは神様とつながる相棒のようなものです。ですから、引き出しの奥にしまわず、気がついたときにいつでも書けるよう、すぐ手に取れる場所に置きましょう。外出先でもすぐ書けるように、連れていってあげてくださいね。

・新月に願いごとを書き、満月に手放したいことを書く

ノートに書くことに慣れてきたら、新月に大きめの願いごとを書いてみましょう。これから月が大きくなる新月は繁栄のエネルギーが出ているので、「ゼロから増えていく」というパワーに満ちた日。

かなえたいことを書く前に、今まで願いごとを書いたページを見直して、すでにかなっているところに、「かないました！　神様、ありがとうございます」と書き、かなえてくれた神様に感謝すると、さらにパワーアップします。

一方、これから月が欠けていく満月は解放のエネルギーにあふれています。ですので、手放したいことを書くといいでしょう。

嫌いな上司、イヤな環境、ネガティブな感情など、なんでもいいので、それらを満月の日に書くと同時に、第4章でお話しする感情解放を行うと、不要なものを早く手放せます。

・神様にすべてゆだねる

願いごとをかなえたいけれど、それが本当に自分の願いなのか、わからなくなってしまったときは、80ページで説明したように、「私にとって都合がいいよ

うになりました。ありがとうございます」と書いて、神様にゆだねましょう。

どんな結果になるかわかりませんが、起こったことはすべてあなたが最高最善の自分になるために神様が送ってくれたプレゼントです。

迷ったときは、○×カードでハイヤーセルフの答えを聞く

ノートは毎日書く習慣をつけてください。

習慣づくまでの最初の1カ月間は少し大変かもしれませんが、習慣づくと、逆に書かないと気持ち悪くなってきます。


ノートに書くことは大前提として、それ以外にも、手軽にハイヤーセルフと会話する方法はあります。

名刺くらいの大きさの紙を2枚用意して、それぞれに○と×を書いて2枚のカードをつくり、それを裏返して、ハイヤーセルフに質問してからカードを引くのです。

カードを引く前に、必ずハイヤーセルフとつながっているかを確認するため、「今、私はハイヤーセルフとつながっていますか？」と聞いて、カードを引きましょう。

×が出たら、まだつながっていないので、心を鎮めてリラックスした状態をつくり、再び、「今、私はハイヤーセルフとつながっていますか？」と聞いてカードを引きます。

○が出たら、ハイヤーセルフとつながっているので、さっそく聞きたい質問をなんでもしてみましょう。

○か×で答えられる質問にしてくださいね。たとえば、こんな感じです。

「飲み会に参加したほうがいい？」

「同窓会に顔を出したほうがいい？」

「好きな人に自分から告白してもいい？」

「彼と結婚したら幸せになれる？」

「今の職場から転職したほうがいい？」

「ひとり暮らしを始めたほうがいい？」


占い感覚で楽しみながら、ハイヤーセルフとつながれますよ。

願望実現を加速させるいろいろな習慣

湯船につかると、「人間の感覚」を手放せる

他にも願望実現を加速させる習慣として私がやっていることをあげてみます。

・部屋の中にパワースポットをつくる

机の片隅などに、水晶などのパワーストーンやシーサーなどを並べて、自分だけのパワースポットをつくっています。

ノートを書くときは、水晶などで浄化されていると、自分に正直になれるので、神様とつながりやすくなります。

ちなみに、私は家の中に神様とつながる場所があるので、神社にあまり行きません。

・お月様や夕陽、雲を眺める

オレンジ色に沈む夕日や、流れる雲、お月様を眺めていると、神様に守られていることを実感できるようになります。

・パートナーに「ありがとう」をたくさん言う

身近にいる人ほど感謝が薄れるもの。だからこそ、お茶を入れてくれたとき、ものを取ってくれたとき、気配ってくれたときなど、些細なことでも「ありがとう」をたくさん言うように意識しています。

セックスレスの夫婦でも、1日30回、ご主人に「ありがとう」という場面をつくったら、セックスが復活する、というくらい、「ありがとう」は大切です。

・疲れているときは寝る

だるくて仕方なかったり、疲れているときは、用事よりも自分の体優先。まだ寝て

いたいなら寝る、もしくはゆっくり過ごすことで、自分を大切にできた満足感が生まれます。

・湯船につかる

バスタイムは、シャワーだけで済ませず、湯船につかりましょう。

湯船につかっていると、じんわり温かくなって幸せな気持ちになりますよね。実はこの感覚って、私たちが生まれる前、魂のツボの中でみんな一緒にいたときのことを思い出しているんです。

だから、神様ともつながりやすく、ハイヤーセルフを通さなくてもメッセージがきたりします。


実際、お風呂に入っている最中にアイデアが降りてきたとか、子どもの頃のことを思い出したという人も多いですよね。

それは、神様からのインスピレーションを受け取っているからです。

私たちは、魂のツボから地球にたくさん経験をするために、肉体をまとって生まれ

てきたわけですが、湯船につかって気持ちよくなっているときは、魂のツボに戻った状態。つまり、人間の感覚を手放している状態なんですね。

他にも、ハイヤーセルフを通さず、直接神様とつながれる方法があります。

それは、**「瞑想」**しているとき。

瞑想が上手にできるようになるまでには少し練習が必要ですが、マスターすると、ただ存在しているだけで幸せを感じられるようになって、体もぽかぽか温かくなります。お風呂に入らなくても、いつも湯船につかっているような状態になれるのです。

願望実現を加速させる習慣として、ぜひ湯船につかる習慣を取り入れてみてくださいね。

第4章

ネガティブ感情を解放して、100％幸せな毎日を生きる！

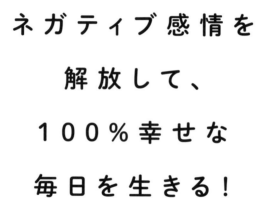

負の感情のせいで、願いがかなわない!?

ネガティブな気持ちは、消そうとせずにしっかり見る！

巷にあふれる「願いごとをかなえる方法」。いろいろ試してみたけれどかなわないという人がほとんどです。**いったいなぜかなわないのかというと、自分の中のネガティブ感情と向き合っていないから**です。

第3章では、願いごとをかなえるためのノートの書き方についてお話ししましたが、それでもかなわないという人は、自分のネガティブ感情を見る必要があります。

願いごとをかなえる前に、ネガティブ感情ととことん向き合う作業をする。それが、この「手放しノート術」の醍醐味です。

そのネガティブ感情こそ、願いがかなうのを邪魔する張本人なのです。

不安、焦り、怒り、恐怖……こうしたネガティブ感情は放置しているとどんどん大きくなります。

そもそも私たちは、自分の命を守るために基本ネガティブです。病気にならないように、飢え死にしないように、喧嘩に巻き込まれないように……。基本がそうなのだから、ネガティブな感情がダメなわけではありません。

こわがらずに見ればいいのです。

たとえば、月末の支払いが不安な人は、それらを見ないようにしがちですよね。でも、見ないとかえって不安がふくらみ、ポジティブに考えようとすればするほど、不安で仕方ない状態になります。だからこそ、不安に押しつぶされる前に、ノートに不安な思いをどんどん書いていくのです。

お金、対人関係、将来について……日々わいてくるさまざまな不安、恐怖、怒り、これら負の感情をノートに書いて、ちゃんと見ます。

そして、「あれ〜、こんな感情があるんだね」と今まで見過ごしていた感情にフォー

カスしていくと、なぜその感情がわいたのか、根本的な原因につきあたります。

つまり、不安を消すのではなく、不安を見るのです。気づいてもらえた不安は小さくなります。こんなふうに感情を見尽くしていくと、不安や怒り、焦り、悲しみ、恐怖などのネガティブ感情は、幻だったことに気づきます。

「学び」や「運命」という言葉は禁止

ムカつく相手、つらい出来事など、日々生活をしていればネガティブな気持ちになることもあるでしょう。

そんなとき、「こんなつらい思いをしてるのは学びなんだ」「これも運命なんだ。仕方ない」といったふうに、「学び」や「運命」にかこつけて、ネガティブな感情から目を背けていませんか？

私もずっとそうでした。借金を背負い地獄のような日々を過ごしているにもかかわらず、「これも何かの学びにちがいない」と思い、ムカつく気持ちを封印していたの

です。でも、結局は感情を抑えつけることができず、爆発しました。

おそらく、「学び」や「運命」と思った瞬間に、感じようとするスイッチがオフになるのでしょう。

本当はどうしようもない怒りや憎しみがあるのに、「これは学びだから」「運命だから」といって片付けると、永遠に自分の中のネガティブ感情に目を向けることなく、残念なことが繰り返されてしまうのです。

たしかに、起こることはすべて意味のあること。神様は意味のないことは起こしません。あとから振り返ったら、「あ

の経験があったから、今がある」と感謝できるかもしれません。

でも、つらい、苦しい、ムカつく……そうした感情があるなら、今は「学び」や「運命」と思うのはやめて、**感情に素直になることが大事**です。

今、感じている感情をごまかさずに、そのままノートに書き出して、とことん感じます。お前のせいでこうなった！　許せない！と、徹底的に書いていくのです。


私も前夫に借金を背負わされ、恨みの気持ちが何年も何年もありました。

けれども、今はもう恨んではいません。

恨みの気持ちを思い出すたびに、ノートにぶつけてきたのです。結果、彼との経験は私の人生の糧になり、もはやネタになっています（笑）。ただ、今も嫌いだし、会いたいとはまったく思いませんけど。あの経験が、私の人生をほんっとうに豊かにしてくれた！と、今は心から思えるのです。

人生は必ず、最高最善に導かれています。すべての経験が人生の糧となります。

今の本当の気持ちをごまかさず、それが醜い言葉であっても、安心してノートにぶつけてください。それが、人生のあらゆる経験を糧にし、豊かに生きるコツです。

「どうせ自分は…」と思ったら、インナーチャイルドワークを

傷ついた「子どもの頃の自分」を癒す

ネガティブ感情をノートに書いて、「どうせ私なんか愛されない」「どうせ私なんかダメだ」と言ったワードが出てきたら、ぜひ「インナーチャイルドのワーク」をしてみてください。

インナーチャイルドとは、子どもの頃に傷ついた自分。

その小さな頃の自分を満たしてあげることで、現在の大人の自分を解放することができるのが「インナーチャイルドワーク」です。

暴力を振るわれているのに別れられない。いつも恋愛の相手に大事にされない。

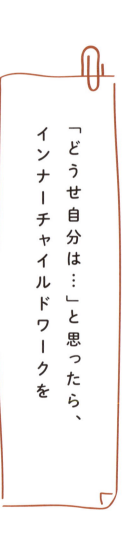

幼少期に父親から暴力を振るわれていた、母親が弟ばかりを大切にしていた、両親が忙しくて相手にしてもらえなかった……。このような経験があると、信じられないかもしれませんが、暴力が振るわれていることが愛である、大事にされないことが愛だと刷り込まれている可能性があるのです。そのカタチしか知らないからです。

インナーチャイルドのワークをすることで、脳の奥深く、潜在意識に入っていた感情が解放されて、新しい自分をインストールできるようになります。

次のワークをぜひやってみてください。

① クッションやぬいぐるみなどを用意して、それを4〜5歳の自分だと思いましょう。小さい頃の自分はどんな顔をしていますか？　不安で泣いている？　さみしそう？

② そんな自分の頭をよしよしとなでてあげます。「泣いていいよ。こわかったね。さみしかったね。大丈夫だよ」など、その子の心をほぐしていきましょう。

③　その子はなんと言っていますか？「どうせ私なんて……」「私が悪い子だからダメなんだ……」。そんな言葉を言っていたら、「なんでそう思うのかな？」と聞きながら、やさしく会話していきましょう。

④　しばらく話を聞いて、その子が落ち着いたら、「大丈夫だよ」「いつも必ずいっしょにいるよ」と言って、ぎゅっと抱きしめます。

インナーチャイルドワークは感情を揺り動かします。そのため、**生きる力や生**

存そのものにかかわる脳幹に「私は愛されている」「存在して大丈夫なんだ」という感覚をインストールし直せます。

脳幹の傷が深い人ほど、ネガティブ感情が襲ってきたときは、何度でもこのインナーチャイルドワークを行いましょう。

潜在意識の書き換えが素早く行われるので、神様につながりやすくなります。

「ムカつく出来事」に重要なサインが隠れている

「この出来事に何か感謝できることは？」

以前、ある受講生の方から、「インナーチャイルドワークって、自分の全否定じゃないですか。やっても意味ないですよね」と言われたことがありました。

その方は、自分自身のインナーチャイルドが深く傷ついているため、過去を見るのがこわく、優しさのない言葉を吐いたのです。

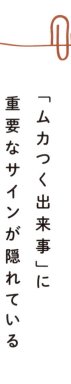

私は悩み苦しんでいる人たちに、楽しくラクな世界で生きてもらいたい、という思いで教えていたのに、そんなことを言われて大ショック！

家に帰ってもなんだかムカムカした気持ちがおさまらず、自分の思いをノートに書

きなぐり、気持ちがおさまってから寝ました。翌朝起きたときにふと、
「この出来事にも、何か感謝できることがあるのだろうか？」
と思い、ノートに書いて自分の心のうちを探っていきました。

そしてたどり着いたのが、「インナーチャイルドワークを、もっとわかりやすくブログに書きなさい。今の状態では、過去を見ることがこわいと思っている人を誤解させてしまう。わかりやすく書くことで、傷ついている人たちの心をもっと和らげることができるから」という答え。

「あ〜、神様はこのメッセージを私に届けるために、昨日の出来事を起こしてくれたんだな」と感謝できたのです。

神様からのメッセージを受け取れたのは、ムカつききったから。完全に怒りきる前に「感謝すべきことがあるはず」と思うと、本音をごまかしてしまうので、神様のメッセージは受け取れないのです。

まずは、感情を感じきること。すると、必ずメッセージがわき上がってきます。

焦り、不安、悲しみ、怒りは、しっかり「見る」と小さくなる

本心を絶対にごまかさない

自己啓発をかじると、「ポジティブ＝素晴らしい」と習うので、本当はつらいのに、楽しいこと、いいところだけを見ようとしがちです。

でも、ネガティブだった人がポジティブに考えようとすると、最初はよくても途中からどう解釈してもしんどくなり、「やっぱり、あいつは最悪だ」「あのヘラヘラした顔を見てると、腹が立つ」とドロドロした感情がわき出てきて、どんどんネガティブが濃くなっていきます。

そんなときは、そのドロドロした感情を全部ノートに吐き出します。

「山田、絶対許さない！」
「山田死ね！　死んでください」
「明日会社に行ったら、山田が死んでればいいのに」
「葬式くらいは行ってやろう」

こんなふうに、ギョッとすることも全部書いてみてください。

人のことを悪く思ってはいけない、という感覚があるかもしれませんが、**心の中にあるのなら表現したほうがいい**のです。

だって、殺意を覚えるくらいの気持ちがあるのに、それを抑えつけたら爆発するのは当たり前です。それに、ノートに書いても実際は死んだりしません。

よく怨恨から殺人事件に発展したというニュースが流れますが、それはネガティブ感情を押し殺した結果です。でも、こうしてノートにぶつけていくと、気持ちが落ち着くので、実際に殺しに行くことはなくなります。

それどころか、「いや、そこまでひどくはないよ」と思う気持ちさえ生まれます。

ネガティブ感情は見てもらいたがっている

実際、「いつも嫌味を言ってくる同僚のせいでストレスがたまる。あいつ、いなくなればいいのに」とムカついていたクライアントさんがいたのですが、ノートに「早くいなくなれ」「私の前から完全に消えてください」「私の世界から消えてください」と書いていたところ、本当に同僚が会社を辞めたそうです。

クライアントさんは、「あんなに願っていたことだったけど、さすがに辞めてしまうとは思いませんでした」と驚いていました。

ネガティブ感情はちゃんと見てあげると、満足して小さくなります。

まるで、「お母さん、見て、見て!」と、お母さんに愛されたい、自分に注目してほしいと願う小さな子どものようなもの。本当はかわいらしい存在なんです。だからこそ、ちゃんと見てあげてください。

次に、例をあげますので、汚い言葉こそしっかり吐き出すことを忘れずに。

・職場のイヤな上司に対して

部長って、なんでいつもあんなイライラしてるの？

部長がいると職場の雰囲気が悪くなるから、いなくなってほしい。

仕事が憂鬱なのは、部長のせいだ！　ハゲ!!　死ね!!

みんなが気をつかってるって、わからないの？　鈍感!!

・夫にムカつくとき

なんで、夫は私のことを否定するの？　許せない！

ろくに仕事もしないくせにえらそうにして、腹が立つ！

早く死ねばいいのに！

大っ嫌い！　バカ！　死ね！　サイテー！

・自分にダメ出しをしたとき

私って、ホントバカ！

みんなのようにきちんとできない。能力ないし、サイテー！

なんで、こんな自分になっちゃったんだろう。

・彼の気持ちがわからなくて不安なとき

彼からメールがこない。さみしい。もしかしたら、他の女と会ってるのかな？　嫌いになっちゃったのかな？不安でどうにかなっちゃいそう……。

いかがでしょうか？

悪口や汚い言葉を書いたらバチが当たるなんてことはありませんよ。

本心をごまかさず、あなたの中のネガティブ感情を全部吐き出してくださいね。

ネガティブ感情を生み出す「設定」を書き換える！

感情を揺さぶりながら体験する

いったい、ネガティブ感情はどこからくるのでしょうか？
それは、**幼少期の親との関係**が大きく影響しています。

私たちは0〜6歳の間に、どんな感情をつくり出すか、その設定がなされます。感情の設定にかかわるのが、「脳幹」と「大脳辺縁系」。脳幹とは、脳の中軸部にあり、0〜3歳までに「生存」にかかわる記憶が刻まれる場所。

赤ちゃんはお母さんにお世話してもらわなければ生きていけませんね。おっぱいを

もらい、おむつを替えてもらい、離乳食を与えてもらい……。お母さんの愛情をたっぷり感じながら、生きるための欲求を満たされた子どもは、「生きていていいんだ」「存在していいんだ」という感覚が身につきます。

一方、オムツが汚れているのにそのまま放置されたり、おなかがすいているのにおっぱいをもらえなかったり、お世話はしてもらったもののお母さんが不機嫌そうだったりして愛情を感じられないと、生きるための欲求が十分に満たされないので、「私は存在してはいけないんだ」「生まれなきゃよかった」という感覚を持ってしまうのです。

4〜6歳になると、その頃の記憶は、大脳の奥深くにある「大脳辺縁系」という場所に刻まれます。大脳辺縁系は感情を司る脳です。

この頃は、話を聞いてもらったり遊んだりと、コミュニケーションが何よりも大事な時期。ところが、お母さんがいつも怒っていたり、聞いてほしい話を適当にはぐらかされたり、忙しくかまってくれなかったり、しつけにうるさかったりすると、**「どうせ私は愛されない……」「どうせ私はダメなんだ……」**と思い込み、自分の意見が

言えなくなったり、人と比較して自信を失ったり、いい子でなければ愛されないと思ったりなど、生きづらさを感じてしまうのです。

この脳幹と大脳辺縁系に記憶されたことは、潜在意識に刷り込まれます。そして、

- **どうせ愛されない／どうせできない**
- **〜でなければならない**
- **消えてなくなりたい／私には価値がない**
- **〜すべき／当然〜である／〜じゃないとダメ**

というような設定をつくります。こうした設定になっている以上、どんなに理想を願っても、潜在意識に刷り込まれていることが引き寄せられてしまうのです。

たとえば、「新しい仕事で開業したい」と思っていても、「仕事がこなかったらどうしよう」「収入がなかったら生きていけない」「苦労しないで報われるわけがない」「成功できるのはひと握りの人だ。自分には到底無理」というふうに、不安や恐怖と

いう感情に阻まれ、一歩を踏み出せなくなってしまうのです。

このネガティブ感情を生み出す設定を書き換えれば、ハッピーな現実がつくられるのですが、何十年も脳に刻まれてきたことなので、どれだけ思い込んでも、なかなか書き換えることは難しいのです。

でも、たったひとつだけ、そこを書き換える方法があります。それは、「感情を揺さぶりながら体験すること」。

それができるのが、「手放しノート術」なのです。

不安や恐怖の根っこを見つける

ネガティブな感情は潜在意識に刻み込まれたものなので、そこに焦点をあて、なぜそのような感情がわき出るのかを、ノートに書くことでつきとめます。

「どうせ私なんか、ダメなんだ……」

そんな自分が出てきたら、**「それって、いつ頃からそんな感覚なの？」**と聞いてみてください。すると、ほとんどの場合、子どもの頃のことを思い出し、「お母さんに、いつも怒られていた」「弟ばかりかわいがられて、私はダメな子って思ってた」など、根っこの部分が出てきます。

この根っこ探しが大切。根っこがわかれば、いつも同じパターンに陥ってしまう感情を解放することができるからです。

そこまで掘り下げることが難しいと感じるなら、「今日感じたネガティブ感情」

を見てください。ふとわいてくる不安、なぜか感じた悲しみ、イラッとしたこと。

それを毎日習慣づけることで、感情を見るクセがつき、どんどん掘り下げることができるようになります。

不安や恐怖の元になっている記憶がわかれば、それを手放すことで、記憶を書き換えることができるようになります（講座の中で行う「インナーチャイルドワーク」もそのひとつ。117ページを参考にしてください）。

「私はダメだ」を「私は大丈夫」に、「私は愛されない」を「私は愛される」にインストールし直すのです。

そのうえで、「なりたい自分」「手に入れたいこと」などを具体的にイメージして感じてみましょう。願ったことは、ほぼかなえられるようになりますよ。

ネガティブな感情がわいてきたら、それはあなたの中でずっと生き続けてきた感情。それに気づいて手放してください。

自分を幸せにできるのは、自分自身だけなのですから。

「あの女優みたいにきれいな顔で生まれたかった」って本当？

他人の言葉に傷ついた過去

「なりたい顔ランキング」で選ばれる女優さんやモデルさんたちは、本当にかわいい人たちばかりです。

そんな報道を見て、「いいな～、私もあんな顔になりたい！」と思うかもしれません。では、潜在意識に「○○さんと同じような顔になる」と入れたら、その通りになるかというと、なかなか難しいかもしれません。

なぜなら、そう思うたいていの人は、自分を否定しているからです。

たとえば、えらが張っているのがイヤだから小顔になりたいとか、丸顔だと太って

見えるから卵型の顔になりたいとか、一重で目が腫れぼったく見えるから二重になりたいなど……。

こんなふうに、**自己否定が元にあると、残念ながらコンプレックスだと思っていることをさらに刺激されるような現実しか起こりません。**

本来、どんな顔に生まれようと、「かわいい、かわいい」と言って育てられたら、100％自分の顔を好きになるはず。それなのに、自分の顔が嫌いと思うなら、何か理由が隠れています。

自分の顔が気にいらない、という人は、ノートに「なぜ自分の顔が嫌いなのか」と書いて、ハイヤーセルフと対話しながら、その理由を見つけてください。

すると、親に「あんたは本当にブサイクなんだから」「お父さんに似ちゃって、かわいそうに」「あんたもお姉ちゃんみたいにかわいければよかったのに」などと言われて育ったとか、彼氏に「お前って本当にぽっちゃり体型だよな」と言われたとか、好きな人から「顔でかいな」と言われたとか……、自分の顔が嫌いになった原因にたどり着きます。

そうしたら、117ページのインナーチャイルドワークをして、小さい頃の自分を抱きしめてください。

インナーチャイルドを癒すと、自分がかわいく見えてくる

小さい頃の自分はブサイクですか？　無邪気でかわいいと思いませんか？　愛らしいと思いませんか？「よしよし」と言って、抱っこしてなでていると、本当にかわいいなぁと思えてきませんか？

「かわいい、かわいい」と言って、毎日かわいがってあげてください。

こうして、何度もインナーチャイルドワークを行うと、小さい頃の自分がかわいく見えるようになってきて、「自分はかわいい」と肯定できるようになるのです。

なかには、何度も整形を繰り返しているクライアントさんもいました。

その女性はもともとてもかわいい方なのですが、インナーチャイルドが傷ついているので、鏡で見た自分の顔がブサイクに見えていたのです。

自分はかわいくない、ブスだと思っていると、友だちが「今日なんか雰囲気ちがうね」と褒めても、「ブスってこと?」と思ってしまいます。

そんなときは、「ブスって言われたわけじゃないのに、なんでブスって思ったんだろう?」とノートに書いて、潜在意識の中に植えつけられていることを探っていってみてください。

そうして、傷ついたインナーチャイルドを癒していくうちに、「自分はかわいい」と思えるようになり、他人の言葉でいちいち傷つかない自分になれるのです。

不安な気持ちになったら1秒でも早く書く

ただの「妄想」だと気づける

よく人から「サユラさんって、思ったことをどんどん行動できて、すごいなって思います」と言われます。

たしかに、すぐ行動に移すタイプですが、なぜ行動に移せるのかというと、頭の中に置いてある言葉ほどあてにならないものはないと思っているので、こわいとか不安がわき出たらすぐにノートに書いて、自分の気持ちを確認するクセがついているからです。

たとえば、大きな住宅ローンを組むときも、次のようにノートに書き出しました。

大丈夫？　私、自営業だよ？
今月は収入があっても、来月はないかもしれない。本当に返済していけるかな？
←
収入がない月って、いつあった？　ずっと収入あるよね。
←
たしかに、そうだね～。

ハイヤーセルフと会話をすることで、不安や恐れは「完全な妄想」と腑に落ちたので、「大丈夫！」という確信に変わり、安心してローンを組むことができました。

クライアントさんの相談でよくあるのが、「彼に嫌われたらどうしよう？」という不安。そういう場合もとにかくノートに書いてもらいます。

メールがこない。嫌われちゃったのかな？
←本当にそう思う？
←だって、昨日からメールこない。
←今までも1日くらいメールこなかったことってないの？
←ある。
←じゃあ、考えすぎじゃない？　何かしたわけじゃないのに、嫌いになると思う？
←たしかにそうだよね。私の考えすぎかも。

このように書いていくと、自分がおかしなことを考えていたことに気づきます。

書いてみると、不安や恐怖はただの妄想だとわかるんです。

妄想する時間が長ければ長いほど疲弊するだけなので、不安だ、こわい、と言う暇があれば、その感情をノートに書いてください。

ネガティブな妄想に費やすエネルギーを手放していくと、無理なく、心地よい自分でいられるようになります。

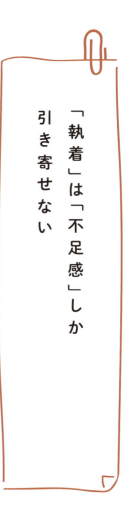

「執着」は「不足感」しか引き寄せない

願いがかなうエネルギーはとても軽い

「○○くんに、私だけを愛してほしい」
「絶対に○○の会社に転職したい」

特定のものを引き寄せたい……。これは執着です。執着とは相手をコントロールしようとする重たいエネルギー。願いごとをするときに「執着」するとかないにくくなります。

なぜ相手をコントロールしたくなるのかというと、「思い通りにならないと幸せに

なれない」と思っているからです。

つまり、「今は不足感があって幸せじゃない」と思っているということ。だから、「不足感」を引き寄せてしまうのです。

願いがかなうエネルギーは、とても軽いイメージです。

第3章でも話したように、私はよくノートに願いがかなったイメージの写真を貼りますが、それは、ふわっとした軽いイメージを送ることが大切だからです。

たとえば、私は今、アウディの新車を手に入れたいと思っています。

その場合、アウディを快適に乗っているイメージ写真や、アウディのフォルムが美しく撮影されている写真などをノートにペタペタと貼って、アウディを手にしたときの喜びを想像します。

同様に、幸せなパートナーシップを育みたいなら、相手を特定せず、幸せな結婚式の写真や、ふたりで泊まるスイートルームの写真、笑顔で微笑み合うカップルの写真などを貼って、軽いエネルギーに変えるのです。

限定的にイメージするのではなく、願いがかなったときの感覚をイメージして、まるで体験しているかのような幸せな軽い気分になるのがコツ。

すると、満たされている感覚になるので、あなたの願いもかなうように、神様のサポートが入るのです。

「事実」と「感情」を分けて書いてみよう

自分を客観視でき、感情がたまりにくくなる

ネガティブ感情は誰でも毎日わいています。でも、それに気づく習慣がないと、書くことが浮かばず書き続けることができません。

そんなときは、とにかく毎日でもノートに書くクセをつけるため、1~2行でもいいので日記をつけましょう。その場合、事実と感情を分けて書いてみます。前述の通り、ノートが難しいときは、付箋に書き出すのもおすすめです。

たとえば、

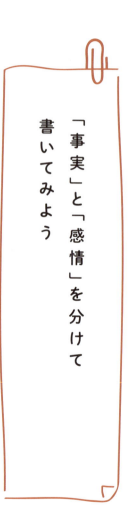

（事実）午後3時にデパートに行き、2Fでワンピースを買った。
（感情）店員さんがなんだか冷たかった。

まずは、これだけでＯＫ。こうして、事実と感情を分けて書く習慣をつけていき、慣れてきたら、感情を掘り下げていきます。

店員さんがなんだか冷たくてイヤな気分だった。
↓
なぜそう感じたんだろう？
↓
お金を払うときに、愛想がなかったから。なんか私、失礼なことしたかな？
↓
愛想がなかったのは、自分のせいって思ってるんだね。
↓
思ってる。

← そういう感覚は、いつから?

← お母さんがいつも不機嫌で、子どもの頃からびくびくしてた。

← じゃあ、店員さんはお母さんの影響ってことだよね。あなたのせいで愛想が悪かったわけじゃなくて、あなたが勝手にびくびくしただけなんじゃない?

← そうだね。私が店員さんに失礼なことをしたわけじゃないんだね。

こんなふうに、ノートに書いて感情を掘り下げていくと、客観視できるようになるので、その感情が起きた原因につきあたります。最初は、うまくいかなくても、毎日続けてみてください。感情はためないことが大切。

ノートの内容に正解も間違いもありません。思ったことをつらつら書くだけで大丈夫です。

どんな出来事にも振り回されなくなる

晴れの日があれば、雨の日もあって当然

「人生、楽ありゃ苦もあるさ〜♪」

有名な時代劇のテーマソングですね！　江戸時代のことと思いきや、この精神論を持っている人はすごく多いでしょう。

いいことが続くと、

「こんなにいいことが続くわけない。きっとよくないことが起こる」

とこわくなったり、抽選で何か当たったりすると、

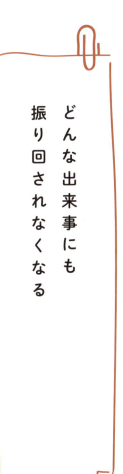

「ここで運を使い果たしちゃったから、もう期待できないな」

と思ったり……。

心当たりはありませんか?

人生楽ありゃ苦もあると思っている人は、楽がよくて、苦は悪いと思っている人です。とくに女性はホルモンの波があるので、常に上がり調子というわけではありません。

たとえば私の場合、講座参加者がすごい勢いで増えて嬉しい日もあれば、ひとりも申込みがなくて落ち込み気味の日もある。でもそれはバイオリズムのようなものだから、どうしようもないこと。

晴れの日もあれば雨の日も雪の日もある。**ただバイオリズムが流れているだけ**、というふうに捉えると、とっても気持ちが軽くなります。

だから、願いがかなった、かなわないで一喜一憂せずに、ワクワク楽しい日もあれ

ば、悲しい日もあって当然。それは、女性の感情そのものが365日、お月様の周期に合わせて動いている生きものだから仕方ないのです。

実感するためにも、毎日の感情をノートに書きつづってみてください。絶対に一定じゃないってわかります。それが、いいわけでも悪いわけでもない。女の人生とはそういうもの。

そう思えたら、いちいち起こる出来事をジャッジすることがなくなるので、幸せになれるのです。

第 5 章

最高の恋愛に導かれる「執着」の手放し方

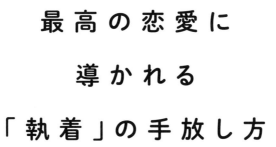

出会いがほしければ、「ピンとくるかどうか」を手放す

モテる人は恋人候補を何人もキープしている

「彼氏が全然できません」

「どうしたら、出会えますか？」


このような相談をたくさん受けます。

では、彼女たちは異性に出会っていないのかというとそういうわけではなく、職場、友だちなど異性と接する機会はあるようです。

なのに、なぜ出会いがないと嘆いているのかというと、**「付き合いたいと思うよう**

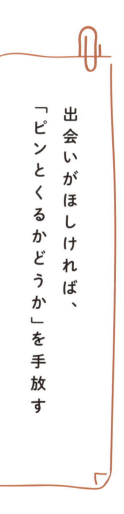

な、ピンとくる人がいないんです」と口をそろえて言います。

結論から言うと、ピンとくる人を待っていたら永遠に現れない可能性が大。あっという間に年をとってしまいます。

モテる女性はみなひとりに決めず、ピンとこない人を周りにいっぱいおいています。恋人未満友だち以上のような関係の人を何人もストックしているのです。

なぜなら、**彼らと何度も会っているうちに、いいところが見えてきて好きになる可能性があるから**です。

学生の頃、全然タイプじゃない人なのに、その人が運動会のリレーで大活躍する姿を見て好きになる、なんて経験はありませんでしたか？

最初はタイプじゃなくても、10回デートしたら、彼の優しい一面に触れたりして、「好き」になるかもしれません。

「身長は１７５センチ以上で、年収は８００万円以上で……」などの条件や「引っ張ってくれる人が好き」などタイプを決めつけず、生理的に無理でなければ、何度で

も会えばいいのです。

実際、こうして結婚にこぎつけた女性はたくさんいます。

いつも彼氏候補を周りにキープしておく。すると、出会いに恵まれないということはなくなります。

恋人がほしいのに、なかなかできない人の共通点

「周りの友だちはみんな彼氏がいるのに、自分だけ彼氏がいなくてさみしい。私も彼氏がほしい」と嘆く女性は多いのですが、ここでちょっと考えてほしいことがあります。それは、**「本当に心の底から彼氏がほしいと思っている」**のか、それとも**「さみしいから彼氏がほしいと思っている」**のか。

さみしいから彼氏がほしい……という発想だと、さみしい経験をしてしまうことになります。こういう人は、本当に彼氏がほしいと思っていないのです。

そこで、本当に彼氏がほしいと思っているのかどうかを確かめるため、ノートに書

いて、ハイヤーセルフにこんなふうに聞いてみましょう。

「人間も動物。動物ってつがいで生きるのが当たり前だから、男女もつがいで生きるのが当たり前だよね？」

この質問に素直に、「その通り！」という答えが出ればいいのですが、何か違和感を持ったときは、恋人をつくる以前の問題として、女性という性に対する否定が隠れています。

その場合は、**「私って、女性を楽しんでるかな？　女として幸せかな？」**と問いかけてみましょう。

この問いに対してザワザワしたり、女っぽい人を見ると嫌悪感が出るといった気持ちがわいてきたときは、「そう感じたのはいつ頃から？」と聞いてみます。

こうして自分の感情を掘り下げていくと、幼少期に、お母さんが「女は損だ！」とか「結婚したってろくなことはない」などと言っていたことを思い出したりします。

つまり、「女はいつも男に従わなきゃいけない」「女は幸せになれない」という、お母さんの感覚が刷り込まれていたのです。

こうした出来事を思い出したら、「それって、本当に私の感覚？」とハイヤーセルフに聞いてください。すると、「お母さんの感覚だよ」とか「世間の感覚だよ」と答えが出てきます。

もちろん、ずっと刷り込まれてきた感覚はすぐにはなくなりません。でも、気づけたら大丈夫！　あとは、インナーチャイルドワークで、刷り込まれた感覚を手放してください。

こうして、古い感覚を手放し、**「女性って楽しい」「女性って幸せ」という新しい感覚を植えつけていくと、恋人ができるようになる**のです。

「運命の人」に引きずられない

「相手に関係なく、私は絶対に幸せになる！」

ロマンチックな恋愛を夢みる女性の多くが、「運命の人と出会って幸せになりました。神様、ありがとうございます」とノートに書くのですが、これではかないません。

なぜなら、「運命の人と出会えたら幸せ」で「出会えてない今は幸せでない」と思っているからです。

運命の人が現れたら幸せというように、外側に幸せを求めるのは、完全に人間の感覚です。

前に話したように、私たちは「魂のツボ」から地球に生まれてきました。この世で出会う人はみな同じ魂のツボからきた仲間ですから、言い換えれば、出会う人は全員運命の人です。

なので、神様からしたら「運命の人に、毎日出会ってるよね」という感覚。「すでにかなってるじゃん」と言われてしまっても仕方ありません。

では、ノートにどう書けばいいのかというと、

「彼氏ができました。神様、ありがとうございます。相手に関係なく、絶対に私は幸せになります」

というニュアンスの書き方がいいでしょう。相手が年上だろうと、年下だろうと、もしかしたら妻子持ちだろうと関係なく、自分が幸せになるという覚悟があるほうが、かえって素敵な彼氏ができたりするものです。

肉体の自分ではなく、魂の自分で生きるならどんな感覚なのか。いつも自分の感覚をしっかり見張っていると、魂が喜ぶ本当の望みを選んでいけるのです。

執着する恋愛に隠れているもの

「私、本当はどうしたいの？」

「彼は奥さんと別れてくれるでしょうか？」

「いつも彼のことばかり考えてしまいます」

「彼は私以外にも、彼女がいるのでは……」

「彼は私のことをどう思っているんだろう……」

彼に執着してしまう女性はとても多いもの。執着すると、どうしてもネガティブなことばかり考えてしまうのでつらくなりますよね。

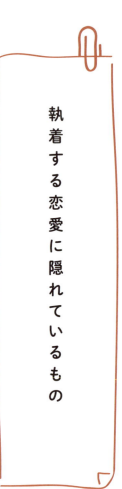

ただし、ここで忘れてはいけないのは、**「すべての現実は自分の願いがかなった結果である」**ということ。今の現実のすべては、過去の自分がした決断です。

たとえば、今ラーメンを食べているとしたら、その前に「ラーメンを食べよう」と決めた自分がいるということ。それと同じように、現在の恋愛も、仕事も、人間関係も、全部過去の自分が選択したこと、決断したことの繰り返しです。

つまり、今執着している人がいるなら、その人との関係も自分が選んだということ。相手がどんな人であろうと関係なく、**「その人と本当はどうなりたいか？」**ということを、正直に、ごまかさずに、ノートに書きながら自分に聞いてください。

うまくいかない恋愛や人間関係には、何かが隠れています。

そこをごまかさずに、まっすぐ正直にノートに書いてみると、うまくいっていない理由が見えてくるはず。

もしかしたら、その恋愛がうまくいかないほうが都合がいいので、あえてそういう人を選んでいるのかもしれません。

うまくいきそうな男性には魅力を感じず、うまくいかない人に魅力を感じるのでは？

そういう自分を見つけると、状況は変化します。

○○さんに執着する前に、「自分は女性としてどんな幸せが好みなのか？」「どうなりたいのか？」を先に見つけるのです。

役に立たないと愛されないと思っていた

たとえば、私は別れた前夫に執着していました。だから、借金が1000万円近くもあるのに、離婚もせずに、「一緒に返済しよう！」なんて思っていました。それは、「彼を愛しているから」というよりも、「役に立ちたかったから」。

当時の自分は、もちろん気づいていませんでした。でも、ダメな彼と一緒にいたから、私は役に立っていた。つまり、私が願っていたことだったんです。

私は「役に立たないと愛されない」と思っていたので、「人間関係において、相手

の役に立ちたいと思ってしまうこと」が課題でした。だから、ダメな男ばっかり好きになる。

私に尽くしてくれない人、私を大切にしてくれない人、私を困らせる人、そういう人じゃないと、私が役に立てないから。結果、変な男ばっかり好きになっていました。

だから、今の夫に出会っても、最初は魅力を感じなかった。今の夫は、私を大切にしてくれる人だったからです。

私は大切にされても、相手に魅力を感じない。私を困らせる人に魅力を感じていた、ということだったんです。

それに気づくまで、40年かかりました。

こんなふうに、うまくいかない恋愛、人間関係は、同じ根っこにつながっています。そのパターンを見つけるのに、ノートがとっても役立ちます。

うまくいかない彼とのこと、大嫌いな上司とのこと、うまくいかない友人とのことなど全部ノートに書いてみると、まったく同じ現象が起きているはずです。

どう思われているか気にならなくなる

執着してしまう恋愛など、うまくいかない恋愛は相手に理由があるように思ってしまいますが、実際は全部、**自分を見ればいいだけ**。自分を変えるというよりも、**自分の感覚を知るだけ**です。

「この感覚はイヤだな」と思えたら、勝手に変わります。変わらない人は、その感覚を手放したくないだけってことに、気づいてくださいね。

「あの人はどう思っているんだろう」と他人基準になっているときほど、ノートに

「自分はどうしたいのか」を書いて、自分の感情を深く探っていきましょう。すると、全部自分中心になるので、相手が自分をどう思っているかが気にならなくなります。

そうなれば、相手がどう思っているかよりも、自分の気持ちを優先しようという気分になりますよね。

そして、「役に立ちたかった」というような思いが隠れていたことに気づいたら、「そうか〜。役に立ちたかったんだねー」と、その思いを受けとめてみてください。

受けとめると、きっとモヤモヤしてくるので、その気持ちをまたノートに書く。

「もうこんなのイヤだー」とか「なんでそうなったんだろう?」など。

もし、わからなくなったら、神様に、「わからないから置いておきます」と伝えて、そのまま預けておきます。

すると、あるときふとした瞬間に、「ああっ! こういうことだったのか」という気づきが起きます。そのときを楽しみにしていてください。

苦しんでいるのは肉体だけ。魂は楽しんでる！

ドロドロした気持ちを全部書き出す

「執着するとかなわない」。これは法則。彼しか見えない、彼に嫌われたら死んじゃう、というような場合は、一度自分の感情をとことん見ることが大切です。

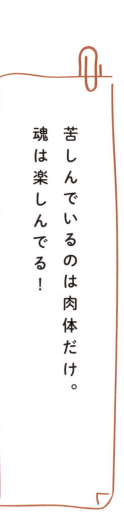

以前、「夫が他の女性を好きになり『離婚してほしい』と言われています。私たちはセックスレスで、夫婦仲も冷え切っているんですが、絶対に別れたくありません」と泣いて相談にこられた女性がいらっしゃいました。

その女性はご主人に執着していたので、このままだとご主人は離れていくなと思い、「旦那さんが帰ってきてもこなくても、いったんネガティブなエネルギーを出す

のをやめましょう」とアドバイスしました。

彼女がネガティブなエネルギーを出すほど、ご主人は家から離れたくなるからです。

絶対にドロドロしたエネルギーはご法度です。相手の気持ちを暗くし、「帰りたくない」という気持ちを誘発してしまうだけです。

自分がドロドロしたエネルギーを出しているなと思ったときは、出てきた気持ちをノートに全部書き出して、ハイヤーセルフと会話してみましょう。

○○さんと絶対に別れたくない。私のことだけ見てほしい。

←**なんでそう思うの？**

←**彼が好きだから。**

←**彼が好きだったら、彼が望むことをしてあげたいよね。**

←うん。

←じゃあ、彼の望むことが、他の女性といることなら？

←やだ！

←なんで？　だって、彼のことが好きだったら、彼が望んでいることを応援できるんじゃないの？　彼のこと本当に好き？　それとも、彼を独占したいだけなのでは？

←そうかも……。

書いているうちに、苦しんでいるのは肉体の私だけで、魂の私はめちゃくちゃ楽しんでいるのがわかってきます。**魂目線になると、自分が滑稽なことをしていると思えるようになる、そういう感覚になれたら、執着してしまうつらい恋から抜け出せます。**

「待つことは気持ちいい？」と心に聞いて

他人に期待しない。すべては自分次第

「彼が奥さんと別れてくれるまで、待ちます」
「彼が私にプロポーズしてくれるまで、待ちます」
「彼と復縁できるのを待ちます」

こんなふうに、彼が自分に振り向いてくれるまで待つ、けなげな女性は多いのですが、本当にそれでいいと思っているのでしょうか？　そんなときは、「待つって気持ちいい？」とハイヤーセルフに聞いてみましょう。

すると、「気持ちいいわけないじゃん」って答えが返ってくることがほとんど。
では、なぜ待っているのかというと、**彼しか見えなくなるほど執着しているから**です。

先ほど執着はかなわないと言いましたが、ドロドロしたエネルギーを出していたらかなわないどころか、かなってほしくない現実をかなえてしまいます。そんなのイヤですよね。

本当にイヤと思えば「彼を待たない人生」になります。彼を待たないので、他にいい出会いがあるか、もしくは彼と結ばれるか。本当にその通りになるのです。
「そうはいっても、どうしても彼以外は考えられない。必ずいつか彼は私のところにきます」と願えば、ずーっと待つ人生がかなうのです。

「待つ」というのは、言い換えれば、相手の気持ちが変わってくれることを期待しているということ。つまり、相手の出方によって自分は変わるという相手次第なので、自分はどうしたいかが決められない状態です。

不倫や浮気にかぎらず、夫婦だって**「いつでも別れていい。すべて自分次第だ!!」**と思っていたほうが絶対うまくいきます。

「ずっと一緒にいることが幸せ」というのは、「一緒にいないことは不幸」と思っていることなので、束縛してしまうことになるのです。

他人に期待しない。すべては私次第。そうなったとき、はじめて、相手を待たずに自分の幸せを切り開けるようになるのです。

もう二度と浮気されたくない人へ

「男を立てる女」になっていませんか？

浮気に関しては、するほうもされるほうも自由だし、好みの問題です。もしそれが本当にイヤならやめればいいだけ。

なのに、「夫が浮気をしている証拠を押さえました！」「相手の女を見つけたら、ぶっ殺してやる！」「絶対に私は旦那と別れません！」などと言っている人は、自分自身が好んでその役を選んでいる、ということです。

もし、今の状態がイヤなら、ハズレだった夫と別れてちがう人とやり直すか、なぜ自分にこんなことが起こっているのかをふりかえればいいだけの話。

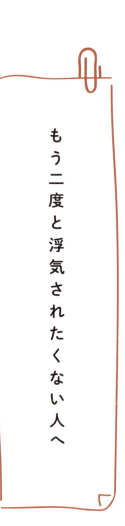

それなのに、「絶対に別れない！」とムキになったり、「別れて復讐してやる！」とネガティブでいっぱいになるのは、すべて執着です。

浮気されてしまう女性は、「相手に自分の気持ちを言っていない」、つまり、夫婦コミュニケーションがとれていないという共通点があります。

「もっと子育てに協力してほしい」「今日は疲れているから、晩御飯は外で食べてきてほしい」など、些細なお願いもできません。

相手に意見を合わせないと愛されないと思ってしまう、だから、自分の言いたいことを言わず、不服に思いながらも夫の言うことに従ってしまう。こうして、望みを伝えず飲みこんで相手の言う通りにしていると、「自分の人生を生きていない」ので、いつも他人基準になってしまい、夫婦の関係は悪くなっていく一方です。

これだと、男と女の本当の信頼関係は築けません。女性は「気持ちを察してほしい」と思いますが、男の人って、言わないとわからない生きもの。

だから、どんな些細なことも伝えることで、「妻はこうしてほしかったんだ」とわ

かり、関係性がよくなります。

「男を立てる女はいい女」と言われますが、すべてはそうとはかぎりません。

そもそも、男性は女性が喜ぶ姿を見て幸せを感じる生きものなので、女性に気をつかわれても違和感を覚えるだけ。本当にしてあげたくてしているならいいのですが、もし**「相手によく思われたい」が基準で彼に尽くしてしまうなら、問題外**ですよ。

お互いに真剣にぶつかりあうコミュニケーションをしてこそ、夫婦仲はよくなっていくのです。

浮気をされて悩んでいるなら、自分の言いたいことを言えているか、言えていないならなぜ言えないのか、ノートに書いてそこを直視してください。

そして、そのパターンは、本当に自分が望んでいるものではないと、気づき手放すまで繰り返す。その積み重ねで、新しい自分になれるのです。

言いたいことをガマンしない

「なんで？」と思ったら、必ず伝える

女性は、恋愛中に相手が自分の思うようにしてくれないと、「どうして、察してくれないの？」と思いがちですが、そういう小さな不満をガマンしていると、いつか爆発してしまいます。だから、小出しにすることがとても大切です。

今の夫、ミッキーと付き合い出したとき、私はまだ言いたいことを言うのに勇気が必要でした。

ミッキーは私をとても大事にしてくれて、幸せだったのですが、付き合ううちに私

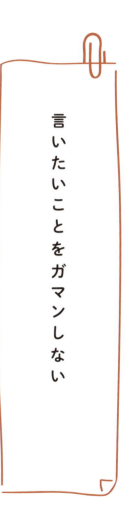

の家で会うことが増えてきて、そこで出てきたのがお金の問題です。外食ならば、出してくれる、私が出す、割り勘にするかなので、誰がどう出すかがハッキリします。

でも、私の家でご飯を食べるとなると、食材は私持ち、ガスや水道費も私持ちとなり、**「全部私が出すっておかしくない？」**という疑問がわいてきたのです。

そのことを直接言いたかったのですが、まだ「いい人」でいたい私はなかなか言えずにいました。でも、これは伝えなければ、前の結婚の二の舞になると思い、自分の気持ちをＬＩＮＥで送りました。

ＬＩＮＥには、ガマンしたくないこと、今の状態をずっと続けていたら、だんだんイヤになっていくから、早い段階で言わせてほしいことなどを書きました。

すると、彼から、「気づいていたけど、どうやってお金を出せばいいかわからなかったから、何か買って行ったり、お酒だけでも持っていったりと帳尻を合わせていたつもりだった」と返信がきました。

自分の気持ちを話したことで、彼も私に気づかってくれていたことに気づけたのです。

それからは、使った合計額を伝えて、その中のいくらちょうだい、というふうに言えるようになり、とてもスッキリしました。

言いたいことを言うことに慣れていないと、なかなか言いづらいのもわかります。でも、**言いたいことを言ってダメになるのであれば、所詮そこまでの人。**

とくにお金のことを言うと、「ケチって思われるんじゃないか」と思い、言えない人も多いかもしれません。

でも、それを言わないためにイライラして雰囲気が悪くなるくらいなら、言って喧嘩したほうがいいと思うのです。

それに、男の人は女性から「○○してほしい」とお願された場合、ほぼ断りません。それは性のちがいなのですが、男の人は女の人が望むことをしてあげることに幸せを感じるからです。

「なんで?」「どうして?」と思ったら、必ず伝える。そのほうが愛される女性になることを忘れないでください。

感じたことはすべて「正解」

自分を信じることができれば、恋愛もうまくいく！

年齢を気にせずいつも素敵な彼氏がいたり、好きな人に「好き！」とまっすぐ気持ちを伝えることができたり、彼氏に失礼なことをされたら、「それはイヤだ」とハッキリ言うことができたり……。

こんなふうに文句や愚痴とは無縁で、**いつも楽しく前向きに恋愛できる人は、自分を信用している人**です。

自分を信用するとは、**自分の感覚を大切にすること**。つまり、自分は何をどう感じたのか、それをちゃんと聞いてあげることです。

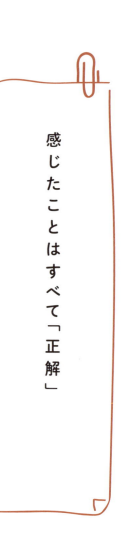

それは、誰のジャッジも、誰との比較もない世界。そのまんまの自分を受けとめるだけ。**自分が感じたことは「全部アリ！」っていう感覚**です。

私たちは、失敗したり、うまくいかなかったりすると、「間違った」と思いますが、そもそも何と比べて間違っていたのでしょうか？

間違ったと感じるなら、正解があるはずですよね。じゃあ、その正解って誰の正解？　親？　世間？

本来、正解なんてどこにもありませんが、あえて「正解」という言葉を使うなら、自分が感じることはすべて「正解」です。

誰かにとっての正解と比較すると「間違っていた」という感覚になるけれど、自分が感じることは「全部正解」だったら、誰とも比較せずに、自分の感覚だけを信じればいいってことになりますよね。

それでいうと、恋愛とはまさに「自分の感覚だけを信じてする行為」です。だって、「この人が好き」という感覚は、絶対に自分以外の誰かのものじゃないですよね。

友だちが「B君のほうがいい男だよ。B君にしなよ」と言ったからといって、今好

きな彼と別れて、B君を好きになることはできませんよね。

幸せしかやってこなくなる

「彼のことが好き」という感覚は、間違ってるとか正解とかそういうものではありません。

自分の感覚が「彼を好き」と言っている、その感覚だけを頼りにしているから、恋愛は成り立つのです。それこそが、「自分を信じる」ということ。つまり、自分軸で生きるということです。

自分を信じて感じていくと、たくさんの嬉しいシンクロや奇跡が見つかっていきます。そうしたら、それを黙って集めていってください。そのうち、**「自分を信じれば、幸せになれる」**は確信に変わり、確信は拡大して、幸せしかやってこなくなるのです。

ところが、日々、自分の感じたことを無視していると、

「男性は若い女性が好きにちがいない。こんなおばさんは好きになってくれるはずがない」

「彼のことが好きだけど、彼はもっとかわいい子が好きなはず」
のように、他人や世間の感覚を信じてしまうようになります。
すると自分を信じることができないので、好きな人がいても気持ちを伝えることができなかったり、恋愛しても彼を疑ったりしてうまくいかなくなってしまうのです。

自分が何を感じているのかを見るには、「ノートに書くこと」が一番。

ノートに書き出した自分の感じていることをまるごと受け入れましょう。そのうち自然と、自分を信じられるようになっていきますよ。

離婚の相談にきたのに、ノートを書いたらラブラブ夫婦に

夫を怒らせていたのは自分だった

「手放しノート」は、願いがかなってもかなわなくても、必ずいい人生になるように現実が動いていくという素晴らしさがあります。

以前、ご主人に暴力をふるわれ続けている48歳の女性が「どうしたら離婚できますか？」と相談にきました。

ご主人はカッとなると手をあげるので、彼女はご主人に言いたいことが言えず、いつも思いを抑えている状態でした。

そこでノートに思いのたけを全部吐き出してもらい、「本当に今の状況が好きか？」と自分に問いかけてもらいました。

すると、「殴られたくない」「愛されたい」「抱きしめられたい」という思いがわき出てきました。

そこで、「なぜ自分は暴力をふるわれてしまうのか」という問いに向き合ったところ、いつも父親に叩かれていたことを思い出したそうです。

暴力を嫌いながらも、「叩かれる＝注目してもらっている＝愛」と思っていたことに気づき、わざと彼を怒らせて殴らせていたことがわかったのです。

彼が暴力をふるう人だったのではなく、自分が暴力をふるわせる人だったという自分基準になると、**「自分自身にかわいそうな思いをさせたくない」「どうせ離婚するつもりなんだから、言いたいことを言おう」**というふうに変わりました。

すると、それまでは会社から帰ってくると「飯」「風呂」「寝る」しか言わなかったご主人と食事中もたくさん会話ができるように。さらには、お風呂も一緒に入るよう

になって、セックスも復活。もちろん暴力も一切なくなり、今ではラブラブ夫婦に改善したのです。

人生は自分好みに変えられる！

この話のポイントは、ご主人を変えたくてノートを書いたのではなく、楽しい人生にしたいと、自分自身にフォーカスしたという点です。その結果、今までの状況は自分がつくっていたストーリーだったことに気づき、結果として、ご主人が変わったのです。

よく「夫の浮気をやめさせたい」「もっと育児や家事を手伝ってほしい」というように、ご主人を変えたいという人もいますが、相手は変えられません。

しかし、自分の人生やパートナーシップは、自分の好きなように変えることができます。

ご主人にしてほしいことがあるのなら、自分の望みを正直に伝えること。

家事も育児も、ちゃんと伝えれば、やってくれる男性がほとんどなはずです。

そうやってコミュニケーションがちゃんととれていたら、浮気することもなくなるんじゃないのかな？

コミュニケーションをしっかりとっていて、望みを伝えているのにかなえてくれない、浮気しちゃうようなパートナーの場合、もしそういうパートナーシップが自分の好みじゃないなら、別れてもいいんじゃないでしょうか。

あくまでも、**「人生は自分次第」**なんです。

理想の結婚をかなえるには、「本心」に気づくこと

「仕事は続けたいし、結婚も出産もしたい！」

ノートに書いて自分と向き合うことで、人生が劇的に変わった人たちは数えきれないほどいますが、人生が好転した人たちに共通するのは、優しくなって、女っぽくなること。

自分の感情を見つめることで、**「今までは不幸を選択してきたけれど、本当は幸せになりたい。パートナーと愛し合う関係を築きたい」**と思えるようになるので、自分を大事にし始めるようになるのです。すると、優しさや艶っぽさが出てくるので、彼氏もできて結婚する人も多いのです。

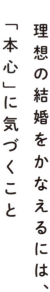

まずは、彼氏が見つかり、理想の結婚をかなえた女性のお話から。

女医さんとしてバリバリ仕事をしている30歳の女性から、結婚したいけれどいい人が現れないと相談を受けました。そこで、まずは出会いをかなえるため、ノートに思っていることを全部書いてもらいました。

「優しい人と出会って、結婚したい」

「結婚して、子どもを産み、家庭をつくりたい」

「医者の仕事はずっと続けていきたい」

すると、「男性は、医者の女性なんか好きになってくれるのだろうか？」という気持ちがわいてきたので、なぜそう思うのかを掘り下げていってもらったところ、「できる女はかわいくない」という思い込みが出てきました。

でも、それは世間一般の考えで、自分の価値観ではないことがわかったので、「実際、女医さんでも幸せな結婚をしている人はたくさんいるし、医者でも好きになってくれる男性はいる」と考えを改め、合コンに行きました。

そこであるひとりの男性と意気投合。彼は願い通りとても優しい彼でしたが、彼は

なかなか結婚を決断してくれませんでした。

そこで、彼女に雑誌から切り抜いた結婚式やドレスの写真をノートに貼り付けてもらい、結婚式をあげているイメージをしてもらうと同時に、**「彼と結婚できました。神様、ありがとうございます」**とノートに書いて、ハイヤーセルフと神様に思いを届けてもらいました。

それから間もなくして、彼女は彼からプロポーズを受け、結婚することに！

ほどなくして妊娠したため、どんな結婚生活にしたいのかもノートに書き出してもらいました。

会社勤めの彼が主夫になってくれた

すると、出てきたのが、「子どもも産みたいし、医者も続けたいけど、子どもをベビーシッターにお願いするのはイヤ。彼に会社を辞めてほしい」という願い。思いきって、彼にその願いを伝えてみると、彼は彼女の願いを受け入れてくれたのです。

今は彼が主夫となり、子育て家事全般を担い、彼女は医者を続けています。

まさに、自分の思い通りに人生が運び、充実した毎日を送っています。

こんなふうに、**自分は本当はどうしたいのか、その思いに気づいて受け入れることで、人生は好転していく**のです。

世間一般の常識にとらわれず、あなたが本当に望むことを知る。それが、願いをかなえる最速の方法です。

第6章

お金持ちになりたいなら、「貧乏設定」を手放しなさい

節約しないとお金はたまらない？

1円節約するよりも、1円収入を増やす

あなたは節約が好きですか？

ちょっと厳しいことを言うと、「お金を貯めるために節約をする」とか「節約好きで、1円でも安いものを買えると得した気分で嬉しくなる」などと思っている人は、お金が入ってきません。だって、節約が好きなのだから。

お金持ちになると節約する必要がなくなるので、節約を好きでいるかぎり、お金は入ってこないということです。

だから、いつまでも「もっとお金がほしい、もっと収入をアップさせたい」という願いを言い続けることになります。

それって、なんだか悲しくないですか？

１円節約するよりも１円収入を増やしたほうがいいですよね。

ずっと節約するということは、これからもお金が入ってこない**「貧乏設定」**をしているということです。それよりも、お金はどんどん入ってくる**「お金持ち設定」**をしたほうが気持ちいいですよね。

本当にそう思えるなら、自分がお金持ちだったらどうするかを考えて、生活してみてください。

たとえば、ティッシュペーパーひとつ選ぶのも、安いものより鼻をかんでも痛くならない柔らかい高級な紙質のものを買う、同じものが遠くのスーパーで90円、近くのコンビニで１００円で買えるなら、時間を有効に使える近くのコンビニで買う。

こんなふうに、自分がお金持ちだったら選ぶほうを想像して、その選択をしていく

のです。

すると、本当にお金が入ってくるような現実が訪れます。

ただし、お金をいっぱい使えばお金が入ってくるからと、「貧乏設定」のままお金をいっぱい使っても、借金王になるだけです。次にあげる方法で「貧乏設定」を手放して、「お金持ち設定」をちゃんと潜在意識に入れてから、お金を使ってくださいね。

「自分がお金持ちで、なんでも選べるとしたら」という気持ちが大切なんです。

実は、貧乏をイヤだとは思っていない？

みんなお金持ちになりたいと言いますが、本当のところ貧乏をイヤだと思っていません。

たとえば「会社を辞めて起業して、もっともっとお金を稼ぎたい！」と思っていても、生活していけるくらいのお給料をもらっているので、今の状態がラクでなかなか会社を辞めるまでのモチベーションが上がらないのです。

そういうときは、次の言葉をノート1ページ使って、赤ペンで大きな文字で書いてみてください。


「私はお金持ちになりたい」

「私はお金が大好きだ」

「月収100万円になりたい」


どうですか？

「そうそう、私はお金持ちになりたいんだ♡」と素直に思えましたか？

それとも、なんだか心がザワつきましたか？


もし、心がザワザワしたなら、そんなことを言うなんて恥ずかしい、はしたないなと思ったり、いやらしいと否定したりしているということ。

なので、「なんで恥ずかしい、はしたないと思っているの？」と聞いてみます。

すると、お金持ちは悪いことをしている、お金が好きな人は下品だ、女性が高収入

になったら男性は引いてしまう、年収の高い女ってかわいくない、金の亡者って見られるのはイヤだなど、いろいろな刷り込みがあることに気づくでしょう。

刷り込みがある以上、貧乏のほうが好きなので、貧乏であり続けるということ。お金持ちになりたかったら、お金に対するネガティブな刷り込みをなくすことがとても重要なんです。

どんな「こわさ」も引き受ける

覚悟が決まると、「お金持ち設定」に変わる

お金に関するネガティブな刷り込みに気づいたら、お金があることで起こりうるあらゆる出来事を想像してみます。

たとえば、「稼げる女と思われたら、ますます結婚が遠のくかもしれない」「お金目当ての男性しかこなくなるかもしれない」「周りから、金の亡者って思われるかもしれない」など。

お金持ちになったらくっついてくると思われるマイナスなことを書き出して、そうなったときの自分を感じ、全部引き受ける覚悟をするのです。

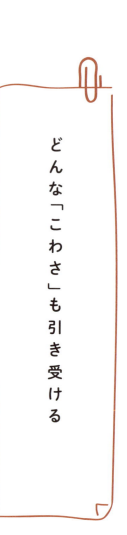

私は、年商1億円を目指していますが、なかなかそこに達することができずにいたので、ノートにこう書いてみました。

「本当に、年商1億円になっていいの？」

すると、「1億円になると何が起こるかわかってる？」という答えが返ってきました。

年商1億円になったときに、起きそうなことと言えば、

・死ぬほど忙しくなる
・税金がすごい
・親戚、友だちなどから妬まれる

などです。そこで、1つひとつ感じてみました。

・死ぬほど忙しくなる→忙しくない状態で1億円になることを決めているから、これ

については大丈夫
・税金がすごい→実際に税金の額を計算して、その額を払うときのこわさを感じる
・親戚、友だちなどから妬まれる→身に覚えのない噂を立てられたり、ＳＮＳなどでアンチにリアルに妬まれているところを想像し、そのこわさを感じる

こうして、こうなったらどうしようということを体験して、「それもいい。全部引き受ける」というふうに１つひとつ丁寧に見ていきました。

私の年収はまだ１億円には達していませんが、売上は顕著に伸びています。

リスクも引き受ける覚悟がつくと、お金がどんどん入ってくる豊かな自分になろうと思えます。このときはじめて「貧乏設定」から「お金持ち設定」に変わるのです。

ノートを書いているうちに、本当は自分はどう思っていたのか、どうなりたいのか、整理整頓していけます。いつしか本当にお金が好きになっていくでしょう。

「もったいない」からの脱却

少しずつグレードアップしていく

たくさんお金を使うことはいいことと思っていても、「もったいない」という気持ちが出てくることもありますよね。

たとえば、１泊10万円のホテルに泊まって優雅に過ごしてみたいと思っても、もったいないな……と思ってしまったり。

そういうときも、ノートに思ったことを全部書き出します。

素敵なホテルに泊まりたいと思っているけれど、１泊10万円は高い。

←じゃあ、いくらなら大丈夫なの？　5万円？

←う〜ん。まだ、もったいない気持ちが出てくるかな。

←じゃあ、3万円？

←3万円なら出せそう。

こんなふうに聞いていくと、必ず自分の思いと重なるところが見つかります。その重なったところこそ、今の願いということ。

「10万円のホテルに泊まりたい」というのは、ただ周りに影響されて言っていただけで、本当の願いは「3万円のホテルがちょうどいい」。だから、3万円のホテルに泊まるという現実がかなうのです。

もったいないという気持ちがあるかぎり、お金をどれだけ使っても心の底から楽しめません。

どんなに心地よいふかふかのホテルのベッドで寝ても、「たしかに最高に気持ちいいけど、10万円あったら、美味しいお寿司が食べられたな〜」なんて思うかもしれませんよね。それでは、本当にもったいない!

そういう場合は無理して10万円のホテルに泊まるのではなく、これならなんとか泊まれそうというギリギリのラインを設定します。

たとえば、3万5000円なら出せそうと思うなら、思いきって3万5000円のホテルを予約してみる。それができたら、次は4万円のホテル……。こうして、少しずつグレードをアップしていくと、無理なくお金を使えるようになります。

使わない服は〝感じきって〟捨てる

それと、もったいないという気持ちがすぐわき出る人は、ものを捨てるのも苦手です。たとえば、洋服を捨てるとき。

「もう2年もソデを通してないけれど、本当に着ることはないかな。少ししたらまた着たくなったりしないかな……。捨てるにはもったいない」などと考えたりします。

そういうときは、ただ捨てるのではなく、感じて捨ててみてください。

「この洋服を着て、ずいぶん楽しませてもらったな。でも、もういらないから捨てるね。ありがとう」

「このスカートは結局1回しか履かなかったな。友だちから明るい色のスカートを履いたほうがいいよと言われて、試着したときにあまり似合わないなと思ったけど、買ったんだった。これからは、周りの意見にまどわされず、自分が似合うと思う服を買おう。ありがとう」

こんなふうに、ちゃんと感じて捨てるのです。すると、その服を買った意味を感じるので、もったいないという気持ちがなくなり、スムーズに捨てられるようになるでしょう。

「もったいない」から脱却して、気持ちよくお金を使えるようになりましょう。

好きなこと以外はしない

成功している人はみな、
大切なことだけに時間を使う

前にイヤなことをやらない、と言いましたが、願いをかなえたいなら、自分が好きではないこと、どちらでもいいことはやらないようにします。

たとえば、飲み会に誘われて、気乗りしないのに断れずに行ったときや、友だちの愚痴を永遠に聞いてしまったときなど、「あ〜、早く家に帰ればよかった」など思うことってありますよね。

これらのように、自分がやりたいと思えないこと、好きではないことはやらないようにするのです。**自分がやることは、全部やりたいこと、大好きなこと、気持ちがい**

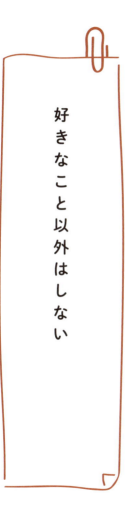

いこと、これだけにしてください。

私のことで言うと、人間関係は受講生を除けば、驚くほど狭いです。大好きな人とだけかかわりたいと思っているからです。

実際、仕事で成功している人たちは、徹底しています。

たとえば、Ａｐｐｌｅの故スティーブ・ジョブズや、Ｆａｃｅｂｏｏｋのマーク・ザッカーバーグなどは、いつも同じ服を着ていることで有名ですが、それは、服に悩む時間を短縮するためだそうです。彼らにとって、洋服を選ぶ時間は、楽しい時間ではないということです。服を選ぶ時間を、もっと自分が大切だと感じているものにあてているのでしょう。

願いをかなえたいなら、お金を増やしたいなら、自分の大好きなもの、大切だと思うことにすべての時間をあてましょう。

イヤだな、好きじゃないな、どっちでもいいな、と感じることは全部やめて、大好きだな、気持ちいいな、と思うことだけに自分の時間を使いましょう。

すると、不思議なことに、神様が現実をポンッと変えてくれて、願いがどんどんかなっていきます。

イヤなこと、好きじゃないこと、どっちでもいいなと思うことをやめて、大好きなことを選ぶだけで、とっても簡単に願いがかないます。本当にとってもとっても簡単なんです。

ぜひ実践して、体感してみてください。

しんどいと感じる仕事はすべて手放す

大きな収入源でも関係ない！

先日、エステを開業されている生徒さんからこんな話を聞きました。

「今、月収30万円くらいなのですが、どうしても月100万円稼ぎたくて起業塾に行ったんです。そしたら、毎日定時にブログをアップしたり、異業種交流会に積極的に参加したりなど、やるべきことをたくさん教えてもらいました。まだ何もやってないのでもっとがんばらないと……」

起業して収入を増やすためには、彼女のようにやるべきことを増やして何倍も働く必要がある、と考える人が多いのですが、実はこの考え方は逆です。

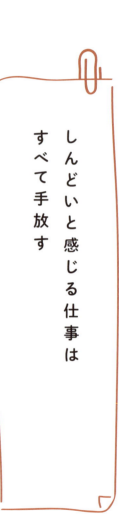

毎日必死でがんばって仕事をして30万円なのに、仕事を増やして100万円にするなら、今の3倍以上働かないと稼げないということですよね。

長時間働いて、しんどい思いをして、収入を増やしていきたいですか？

じゃあどうしたらいいのかというと、しんどいと感じていることをすべてやめます。**大好きではない仕事をすべてやめていく**のです。

それが、今どんなに大きく収入に貢献していることでも、自分がしんどいと感じていることは、すべてやめるのです。

イヤなことをすべてやめて好きなことだけにすると、余白ができます。

そういうときはアイデアもたくさん出てきます。

ゴロゴロしていても、月収400万円！

私の場合、占い師を始めた頃は、ご飯を食べる暇も惜しんで、朝から晩までずっと鑑定していました。休みなく働きづくめの毎日。大好きなことだけをして、収入はす

ぐに月１００万円くらいになりました。１日の時間をギリギリまで使っていたので、これ以上売上を上げることは無理だと思っていました。

しかし、実は無理ではなかったんです！

あるとき、**「本当に自分がやりたいことは何だろうか？」**とノートで探っていったところ、みんなが近道で幸せになれる方法で、自分が大好きなことだけを詰め込んだ「ノートとカードと感情解放を中心にした講座」をつくることが、今の自分のやりたいことだと気づきました。

カードの腕が上がればハイヤーセルフと自由に話せるようになるし、ノートの精度も上がります。ノートで自分を直視すると自分の設定がわかるので、その設定が幼少期の経験が原因なら、インナーチャイルドワークで感情解放ができます。

こんなふうに、すべてつながっている講座を本格化し、どんどん「大好きな仕事だけ」を追求していきました。

すると、今では、１カ月のうち20日間くらいは、講座などの仕事をし、10日間くらいは家でダラダラ、ゴロゴロする日を過ごせるようになりました。

それでも、収入は月400万円を下回ったことはありません。

必死で400万円をつくっていた時代もあったけれど、しんどい仕事をどんどんやめていったら、いつの間にか大好きなことだけで、400万円稼げるようになっていました。


会社員の場合はなかなか難しいかもしれませんが、本当に好きなことと、しんどくて仕方ないことを見極めて、しんどいことは得意な人に助けてもらう、などの方法はあるのではないでしょうか?

その職業自体がしんどいこと、イヤなことであるなら辞めてもいいのです。

また、仕事によっては、「月に300万円の売上を上げるので、時間を自由に働かせてほしい」などの交渉をしてもいいかもしれません。

「空いた時間」に新しい情報が入ってくる

とにかく、しんどい仕事、嫌いな仕事を全部やめる。

すると、パンパンになっていたところに隙間があくので、必ず新しい情報が入ってきます。

たとえば、会社員の中でなんとかお給料を上げるしかないと思っていたけれど、好きなことで副業を始める、ネットを使って副業で稼ぐとか、休日を使って新しい勉強をしてみるなど、今までとちがう展開が広がり、身を粉にして働かなくても、稼げるルートが開けてくるのです。

「大好き」を選んでいくと、本当に神様が応援してくれるようになります。

本当です。

天職は今の仕事と向き合った先にある

その仕事を選んだ本当の理由とは？

「今の仕事がつまらないので、会社を辞めて天職を見つけたい」と思っていませんか？

こうした場合、天職を見つける前に、自分が願った通り、つまらない人生がかなっていることに気づいてください。

今の仕事がつまらないからと思って、別の仕事を探しても、永遠に天職を探し続ける人生が待っているだけです。今の仕事がつまらないと思うなら「なぜ今の仕事を選んだのか？　何がイヤなのか、何が好きなのか」をノートに書き出してみてください。

おそらく、「安定しているから」「一流企業に入れば親が喜んだから」など、いろいろな理由が出てくるでしょう。つまらない仕事だけど、安定しているし、つまらない仕事だけど、一流企業だから親は喜んでくれている。まさに、そのまんま願いがかなっていることに気づくはずです。

今の仕事を選んだ本当の思いに気づけたら、それは好みかどうか聞いてみます。

「私は安定している仕事が好み？」

すると、「やっぱり安定しているほうがいい」と思うかもしれないし、「安定より挑戦したい」と思うかもしれません。**自分の好みのほうを選択する**のです。

なぜそれが大切かというと、本当は安定志向なのに、「がんばらなくても好きなことで起業したら稼げる」という起業神話を信じて、会社を辞める人が多いからです。

趣味の料理で教室を開きました、フラワーアレンジメントの講座を始めました、ヒーリングサロンを始めましたなどという声はよく聞きますが、そのほとんどが収入を見込めず断念しています。

楽しいことをやっているはずなのにお金が入らない、という人は、大好きという思いや、続けるという時間、根気が不足しています。

たとえば、大好きな手芸を仕事にしようと一念発起して作品をネットショップで売って生計を立てようと思っても、急に大きな収入にはならないでしょう。

誰かに止められるまで没頭してしまうのが「天職」

好きなこと・やりたいことを見つけるのは感覚や感情にかかわる「女性性」が使われていても、稼ぐ知恵は、論理的な「男性性」が使われるはずです。

そんなことは考えたことがない、という人でも、**本当に好きなことで稼ぎたいと決めたら、論理的な男性性が勝手に働いて、稼ぐためのアイデアがわいてくるもの**です。

ワクワクして好きなことだけしていれば神様が勝手にいいことを放り込んでくれるはず、というのは間違い。

ワクワクしながら家にいたからといって、ポストに１００万円が放り込まれているわけではないですよね。けれど、ほとんどの人が、それと同じようなことを願ってい

るのです。

会社を辞めるのは簡単ですが、いざ辞めると会社にどれだけ守られていたかを身につまされます。会社を辞めたら社会保険もなくなるし、病気やケガで休むことになっても保障されません。その恩恵もすべてノートに書いて感じたうえで、会社を辞めるのかを決めましょう。

独立してうまくいかない、と言う人を見ていると、みんな「何がやりたくて辞めたの？」と思います。独立したからといって幸せになれるのではありません。

今の仕事につまらなさを感じているならば、それがどこからきているのか、そして本当に起業してまでもやりたいことなのかを見極めることが先決。

本当に楽しくて仕方ないことなら、何時間仕事をしていようと、それをしんどいとは感じません。

たとえば、私の場合、講座でしゃべるとなると、しゃべるために四六時中ネタも考えているし、告知ブログもワクワクしながら書いています。

傍から見れば努力しているのかもしれませんが、楽しいから勝手にやってしまうので、努力という感覚ではありません。

強いて言えば、誰かに止められるまでそれに没頭してしまう、そんな感覚です。

その感覚がわいているなら、それを「天職」と呼ぶのではないでしょうか。

会社を急いで辞める前に、仕事のことだけではなくて、自分が大好きだと思うことだけを選ぶ暮らしを、まず始めることです。

「無限に稼ぐこと」と「ゼロになること」。両方受け入れる

「うまくいかなくてもかまわない！」

本当に好きなこと、やりたいことが見つかり、その仕事で独立・起業すると、どこまでも稼げます。雇われている会社員とはちがって天井がないので、仕事が広がれば広がるほど、無限にお金は入ってきます。

同時に、仕事がゼロになる可能性も否めません。ですから、もし収入がゼロになるならアルバイトでもなんでもする覚悟も必要。つまり、無限の収入も、収入ゼロも、どちらも引き受けることが大事です。

自分は絶対にやりたいことをやる。だから、それがもしうまくいかなくてもかまわ

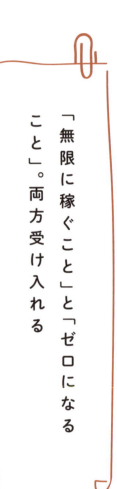

ない、というように、反対側にあるマイナスも引き受けるからこそ、この仕事でやっていこうという心が決まるのです。

私は、どうしてもやりたかった保険会社の代理店を立ち上げて独立したとき、もしうまくいかなかったら死んでもいいと思っていました。

まあ、それは極端かもしれませんが、今でも稼げなくなったら、家を売ってコンビニでアルバイトすればいいと思っています。

お金をたくさん稼げるからいい、少ないから悪いという感覚ではなく、大好きなことばっかりで生きる!!と決めたとき、稼ぐことができるようになります。

お金を大事にする

財布に年齢の数だけ1万円札を入れる

あなたは、銀行のATMでいくらくらいおろしますか？

10万円以上？　それとも、使う分だけ、ちょびちょび？

たくさんおろしてしまうと、使ってしまってすぐ減ってしまうからと、しょっちゅうATMに駆け込む人もいますが、そういう人は「お金は減ってなくなる」という設定が入っている可能性があります。

だから、いつまでたってもお金が増えないのです。

以前の私は、借金返済に追われていたので、お金はすぐになくなる設定でした。

でも、「貧乏はイヤだ！　もっと豊かな生活が私の好みだ」ということがわかって以来、お金持ちの人がよくやっている、「お財布に年齢の枚数だけ1万円札を入れる」という習慣を実践してみました。

最初はこわかったですよ。だって、お財布が1万円札でふくらんでいるのですから。でも、年齢の数だけ入れて毎日過ごしてみると、その状況に慣れてまったくこわくなくなりました。さらに、意外にお金は減らないことがわかりました。

しかも、**ちょこちょこATMに行くこともないので、「お金はなくならない。いつもたっぷりある」という感覚になり、気がつけば収入がアップし、経済的に底上げされていった**のです。

それでも、どうしても年齢の枚数分、お財布に1万円札を入れるのがこわいという人は、まずは10万円を入れてみてください。10万円に慣れたら11万円。11万円に慣れたら12万円……。こんなふうに、これならなんとかいけそう、という潜在意識が抵抗するギリギリのラインの金額を入れていきます。

許容範囲内で少しずつ持ち歩ける金額の設定をあげていくと、いつの間にかお金持ち設定になり、お金が「こわいもの」ではなくなります。

自分のために気持ちよく使う

お金持ちになりたいなら、**「現金を見ること」**はとってもおすすめです。

銀行の残高を全額引き出してきて、「お金」をよく見ることもおすすめします。

お金にたくさんの勝手な思いを乗せていることに気づき、お金はこわいもの、消えるものでない、ということも実感できるはずです。

ちなみに、私は「お金は自分を幸せにしてくれるもの」と思っているので、お金を愛でる時間をつくっています。

何をしているのかというと、お金が循環しまくるように潜在意識に働きかけるメモリーオイルを自分でチャネリングしてつくり、それを１万円札になでなでしながらつけています。だから、お財布の中はいつもいい香り♪

もちろん、使っている財布はお札が曲がらない長財布。そして、これはお金持ちの人がよくやっている習慣ですが、お札に描かれている人の頭を下に向けてお財布に入れています。下に向けることで、お金が勢いよく飛び込んでくるからです。

お金を使うときにも「消えてなくなる」のではなく、「自分のために気持ちよく使う」と思えます。

買いものをカード払いにして、毎月の支払いがこわくて仕方ない、という人は支払い明細をノートに全部書き写してみることをおすすめします。

カードの支払いはカード会社がお金を奪っていくのではなく、すべて「自分のために」使ったお金であることを思い出します。

外出から戻ったら、お財布の中の領収書やレシートはすぐに出して、お金にとって快適なお財布にします。

ぜひ、試してみてくださいね。

お金が巡る人の共通点

太く出したら太く入ってくる

世の中にはお金を持っていても幸せじゃない人はたくさんいます。

私は保険の代理店に勤めていたので、家庭のお金事情をいろいろと知っていました。たとえば、4億円くらい貯金があるのに、お金をため込むばかりで、いつも同じ安ものの服を着ていたり、ティッシュペーパーを買わずに道端で配っているテッシュをためてそれを家庭で使っていたり。

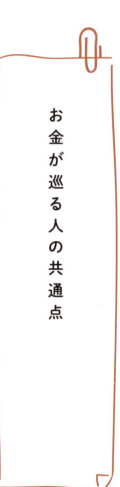

もちろん、それが好みの人はそれでもいいのですが、フツーは楽しくないですよね。

私が目指すお金持ちは、どんどん稼いで、自分の大好きなこと、大好きなものにど

んどん使い、それでもどこどこ入ってくるので余っちゃうくらいお金が循環している状態。

そういう人を見ていると、素敵なブランドものをバシッと着こなし（ブランドに着られているのではなく、自分がブランドを着こなすほうです）、美味しいものを値段に関係なく食べたりして、お金を使うことを楽しんでいるので、お金が喜んでいるように感じます。

実際、**お金持ちの人たちはお金にこだわりません**。

たとえば、一緒にご飯を食べに行っても、気づかぬうちに先にお金が支払われていたりします。そういう人たちは、「太く出したら太く入ってくる」と思っているので、喜びのためには気持ちよくお金を使っているのです。

「ちまちま使うのと、ワクワク使うの、
どっちが好き？」

先日、ある女性からこんな話を聞きました。

「前の夫はすごく貧乏性で、１円でも安いものを見つけて生活している人だったので、私自身も安いものばかり買うようになって節約生活をしていました。

でも、離婚してからもっと自分を大切にしようと思い、好きなもの、ほしいものは値段に関係なく買うようにしたんです。

そうしたら、明らかに離婚後のほうがお金を使っているのに、なぜか使っても全然なくならない、むしろ豊かな感じがするんです」

これは、**「お金は使ったらなくなる」から「お金は使ってもなくならない」に潜在意識の設定が変わった証拠**。だから、お金を使っているのになくならない現実がかなっているのです。

でも、神様からすれば、ちまちまお金を使って安いものを買うのも魂の喜びだし、ほしいものを金額関係なく買うのも魂の喜び。どちらも「魂の喜び」にはちがいありません。

「ちまちま楽しんでお金を使いたい」と思えばそれがかなうし、「金額に関係なくワクワク楽しんでお金を使いたい」と思えば、それがかないます。

どちらも「楽しい」を実現させているだけなので、「ちまちま楽しんでお金を使うのと、ワクワクお金を使うの、どっちが楽しい?」と自分に聞くことが大事。

そのうえで、本当にワクワクしながらお金を使うことに楽しみを感じると思うなら、「お金をワクワク使う自分になる」と決めるだけです。

決めれば、そういう現実がやってきます。

あなたの好みはどっち?

バイオリズムに合わせて仕事をしよう

気分がのらないときは一切やらない

仕事でも、女としても幸せに生きている女性って、魅力的ですよね。

そんな魅力的な女性に共通していること、それは、バイオリズムに合わせて仕事をしていること。

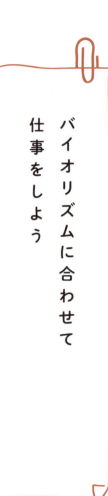

女性は毎月、生理がありますが、その生理周期に合わせてホルモンの分泌量が変化しています。女性は男性に比べて気分が変わりやすいと言われているのは、ホルモンの増減が心や体に大きな影響を与えているから。

気分がなんとなく落ち込んでいる日もあれば、すごくパワフルな日もあったりする

のは、バイオリズムのせいです。

バイオリズムに逆らって仕事をすることもできなくはありませんが、やっぱり体や心がしんどいときに仕事をするってつらいですよね。

だから、気分がのらないときはやらない。気分がのったら集中してうわ〜っとやる。そんなふうに目標設定や自分を管理することなく、バイオリズムに合わせて仕事をするとうまくいくのです。

「かわいい」「キレイ」「気持ちいい」を生活に取り入れる

男性的なやり方で仕事を成功させている女性は、女性の顔をしたおじさんです。女性性をとめて思考のみで仕事をしているので、目標達成型で、男性的な方法でしか稼げなくなってしまうのです。

もちろん、それが好みであればかまいません。でも、それは本当に好みでしょうか？

ノートに書いて本当の自分に聞いてみましょう。

ほとんどの女性は、女性としても愛されて、家庭や子どもを大事にしながら、仕事でも稼げるほうが幸せを感じるのではないでしょうか？

男性社会で働いていると、感情を押し殺し、冷静に仕事をするほうがカッコイイと思われがちですが、女性と男性はそもそもちがう生きものなんです。

それでは、女性の幸せはどうしたら、手に入れられるのでしょうか？

それは**「感じる」**ことです。

私たちは男女問わず、どちらの中にも、男性性と女性性という2つの側面がありま す。男性性とは「考える」性。論理的に筋道立てて物事を考え、現実化させる力を持っています。一方、女性性とは「感じる」性。五感を使って感じ、感情を大切にする力を持っています。

男性性と女性性はいつも同じ比率で存在しています。たとえば、女性性が20なら男性性も20、女性性が90なら男性性も90。女性性が大きく育っている人は、男性性もまた大きいということ。女性性が低くて男性性が高いということはありません。

女性性と男性性は、女性性で感じたものを男性性で現実化させるという役割を持っています。**女性性のパワーが大きくなると、想像力や感じる力が大きくなり、現実化させる男性性もそれに合わせて大きくなる**のです。

女性性を使って、「こんなことやりたいな」「こういうものを売りたいな」というアイデアを出すと、男性性が「じゃあ、それを実現させよう」と現実化していきます。

つまり、女性性で「好き」「楽しい」と感じたものを、男性性でお金にするという循環ができるようになるのです。

女性性を豊かに育てるためには、日々感じることです。

男性的に生きてしまっている人は、まず、「かわいい」「キレイ」「気持ちいい」と感じるものをいっぱい、生活の中に取り入れてみてください。

たとえば、お花を眺めるとか、お風呂にゆったり入るとか、朝日を浴びながら珈琲を飲むなど。

女性性が高くなるとアイデアもどんどんわいてくるので、高い男性性がそれをお金になるよう形に変えてくれるようになるのです。

また、自分の喜怒哀楽、すべての感情にＯＫを出して感じまくったり、毎月の生理を愛でたり楽しんだりしながら、自分の子宮を大切にすることもおすすめです。

「女性性」と「男性性」。どちらもバランスよく

私のセミナーには、女性経営者の方も多く参加されていますが、成功している方々の共通点は、「女性性、男性性のパワーがともに大きく発揮できている」こと。

今社会で成功している男性の方を見ても同様で、彼らは「感じる力」が強い。自分の感覚を信じているので、勝手に男性性も上がり、ビジネスでも成功していくのです。

しかも、女性性が上がると、それに見合った男性性を持ったパートナーも現れます。**感じる自分を大事にしていると、女性を大事にしてくれる男性がちゃんと目の前に現れるのです。**

ということは、ダメ男ばかり捕まえている人は、自分を感じていない、つまり、自分を大事にしていないので、目の前の男性もそれに見合った自分を大事にしてくれない人が現れるのです。

自分を大事にすれば、お金にもパートナーにも恵まれる。これは決定事項。

パートナーとはうまくいっているけれどお金が稼げない、または、お金は稼げるのにパートナーとうまくいっていない、ということはありません。

もし、どちらか片方だけうまくいっていると感じているなら、何か向き合わずに、見て見ぬふりをしている部分があるということです。

お金にもパートナーにも恵まれたいなら、女性は「自分はどうしたいのか？」その思いを感じて、それをかなえてあげることがとっても大事。

そのためにも神様への直通コールとなるノートにわいてきた感情を１つひとつ書きつづりながら、不要な感情を手放し、自分を感じることが何よりも必要なのです。

家庭崩壊寸前から、たった1年で仲睦まじい家族に

経済的な理由で離婚できずに悩む日々…

石川県在住の45歳の女性から相談を受けました。

彼女はご主人とお子さんふたりの4人家族。娘は20歳、息子は高校生で引きこもり、ご主人とは不仲で家庭内が冷え切っていましたが、専業主婦で経済的に自立していなかったので、離婚もできず悩んでいました。

そこで、とにかくノートにネガティブな思いを書きつづってもらい、なぜそんな気持ちになるのかを書き出す方法を伝えました。

同時に、お金がなくなる不安が大きかったので、「お金はなくならない」感覚をつ

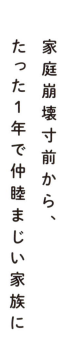

けてもらうため、だまされたと思って自分の年齢分の1万円札をお財布に入れるようにアドバイスすると、彼女は素直に実践。普通預金に45万円の貯金はなかったので、定期預金を崩して、お財布に入れてくれたのです。

それから1カ月後、シェア会にきてくれた彼女から「すごいことが起きました！」と嬉しい報告がありました。ノートを書いていたところ、夫婦がうまくいかないのは、男を信じられない自分に原因があったことに気づいたそうです。

彼女が幼少期の頃、母親が再婚して新しい父親が家にやってきました。言うことを聞かないと、父親に蔵の中に閉じ込められたり、「お前はブサイクだ」と言われたりしたそうです。そして、そのたびに、「私なんか、このうちにいらない」と思うようになりました。そのうち、母親が妊娠して弟が生まれ、ますます自分はいらない子と思うようになったそうです。

彼女はノートを書くことで、これらのことを思い出し、自分が父親（男性）を信じられず、自己否定の塊で生きてきたことに気づきました。

そして、彼女はインナーチャイルドワーク（P117）もやって、傷ついた自分を

何度も抱きしめていきました。

亡き父の愛に気づき、夫にも優しくなれた

それからすぐ、彼女のもとに父親が亡くなったと連絡が入りました。葬儀にも行きたくないと思っていたところ、母親から電話があり、「お父さんがあんたのためにお金を残しているから、葬式がてら取りにきたらいいよ」と言われたそうです。

彼女は「そんなはした金いらない」と思っていたのですが、聞くと500万円も残してくれていたとのこと。

お金に困っていた彼女はありがたくいただくと同時に、**「お父さんは何も言ってくれなかったけれど、本当は私を愛してくれていたんだ」**と気づき、嬉しくなったそうです。

その後、またすぐ母親から連絡があり「お父さん、孫たちにもお金を残していたみたいなの。子どもたちふたりにそれぞれ100万円ずつ。取りにきてね」と告げられ

ました。

一連の出来事を通して、父親は愛を表現することが不器用だっただけで、私たちのことを思ってくれていたんだと思うと、感謝でいっぱいになったそうです。

それからは、一生懸命家族のために働いてくれているご主人にも優しくできるようになり、家族の仲も改善に向かっていきました。

今は、父親が残してくれたお金を頭金にして家を建てて、家族4人で幸せに暮らしています。

究極の幸せは「安らぎを感じること」

「願いがかなったから幸せ」ではない

手放しノートを書くことで、どんどん願いはかないます。「収入がアップする」「彼氏ができる」「好きな人と結婚する」「仕事でいいポストにつく」「別荘を持つ」。それらを本当に望んでいるのなら、かないます。

では、願いがかなえば幸せなのでしょうか？

私は、究極の幸せとは、「安心、安らぎを感じること」だと思います。何かがないとダメ、何かにならないとダメではなく、自分を生きていれば、安らぎを感じられる

ものです。

「自分を生きる」とは、いろいろな経験をすることです。

前にもお話しした通り、私たちは神様のもとから、いろいろな経験をしたくてこの世に生まれてきました。

だから、命をもらったことに感謝してたくさんの経験をする。そのひとつに「収入がアップすることだったり」「別荘を持つことだったり」「好きな人と愛し合うことだったり」がある、そんな感じです。

ものがたくさんあるから安心するわけでもないし、お金がたくさんあるから安心するわけでもなくて、たくさん経験をして自分らしく生きていること、それが究極の安らぎであり、幸せです。

今、私はすごく幸せですが、去年も幸せだったし、来年もまた幸せだと思います。なぜいつも幸せなのかというと、今が幸せだから。今が幸せで満足してしまったら先がないのではなく、まだまだ経験することで、もっともっと人生は楽しめると思って

います。

神様の世界、宇宙は無限です。今の幸せにいつも感謝しながら、もっと幸せになりたい！　もっとたくさん経験したい！と願ってもいいのです。

だから、いくら幸せになっても終わりになるわけではありません。

もっと深い幸せが待っている。

そのためにも、たくさん経験をして人生楽しむ。自分らしく生きる。それに尽きるのです。

〈著者紹介〉

サユラ

◇—スピリチュアルカウンセラー。巷では「金沢の恐ろしいほど当たる占い師」と呼ばれているが、占い師ではなく、サイキックオラクルタロットカードを使った霊視（チャネリング）により、日々悩める人にスピリチュアルカウンセリングを行っている。ブログは月間 30 万 PV を誇る（2019 年 5 月現在）。
◇—もともと生命保険の外交員をしていたが、そのときに出会った業界トップレベルの営業マンたちがみな、ノートを使って実績を上げていたことに注目。自身もノートを使うようになったとたん、人生が劇変！シングルマザーで金銭的にも困っていた状況から一転、トップレベルの営業ウーマンに上りつめた。仕事以外にもノートに書いた願いごとがどんどんかなうように。自分の成功経験をもとに、夢をかなえるためのノートの書き方講座「夢ノートワークショップ」を開講。これまで 1 万人以上の夢をかなえてきた。
◇—著書に『サクッとお金と人に恵まれる方法』（廣済堂出版）がある。

ブログ
https://ameblo.jp/k-sayura/

ショップ
http://sayurakanazawa.shop-pro.jp/

1 行書くごとに、どんどん新しい自分に変わる
ミラクルが起きる！「手放し」ノート術

2019 年 6 月 15 日　　第 1 刷発行

著　者———サユラ
発行者———徳留慶太郎
発行所———株式会社すばる舎
東京都豊島区東池袋 3-9-7 東池袋織本ビル　〒 170-0013
TEL　03-3981-8651（代表）　03-3981-0767（営業部）
振替　00140-7-116563
http://www.subarusya.jp/
印　刷———株式会社シナノ

落丁・乱丁本はお取り替えいたします

ISBN978-4-7991-0737-9